Die Entstehu

Apostel؛

RJ Campbell

Alpha-Editionen

Diese Ausgabe erschien im Jahr 2023

ISBN: 9789359255361

Herausgegeben von
Writat
E-Mail: info@writat.com

Inhalt

DIE HERSTELLUNG EINES APOSTELS.

Das Neue Testament liefert uns wenig biografische Informationen. Selbst aus den Evangelien selbst erfahren wir nicht viel über das tatsächliche Leben unseres Herrn, abgesehen von seinem öffentlichen Dienst. Es wurde zu Recht gesagt, dass noch nie ein Mensch die Weltgeschichte in einem solchen Ausmaß beeinflusst hat wie Jesus von Nazareth, dennoch wäre es unmöglich, ein chronologisches Leben des Begründers des Christentums zu schreiben. Was für den Meister gilt, gilt auch für seine Anhänger. Wir wissen sehr wenig über die Apostel selbst; Abgesehen von ihrem Lebenswerk, Christus zu predigen, sind die Einzelheiten ihrer Umstände und Schicksale äußerst dürftig. Dennoch lohnt es sich, anhand der uns zur Verfügung stehenden Materialien zu versuchen, den Einfluss Jesu Christi auf diejenigen nachzuzeichnen, durch die er seine Kirche auf Erden gründete. Die Wahl der Apostel zum Beispiel wird manchmal als eine sehr außergewöhnliche oder halbwundersame Art und Weise angesehen, dass Jesus Menschen an seine Seite rief, auf die sein Blick zum ersten Mal fiel, und dass diese Männer sofort zu Werkzeugen wurden seines Dienstes. Doch beim Vergleich der Evangelienberichte entdecken wir, dass sehr interessante Lebensgeschichten über die Männer geschrieben werden könnten, die Jesus während seines irdischen Wirkens am nächsten standen. Wie wir vielleicht erwartet hätten, stellten wir fest, dass Jesus ein aktives persönliches Interesse an ihnen hatte, dass ihr Leben unter seinem Einfluss geformt wurde wie Ton in den Händen des Töpfers, dass er mit jedem von ihnen einen Plan hatte und geduldig daran arbeitete Es bedeutet, dass er sie diskriminierend behandelte und jedem seinen eigenen individuellen Wert beimaß. Geht dieser Prozess nicht auch jetzt noch weiter? Verkündet der auferstandene Herr nicht immer noch Seine Aufrufe an die Seelen der Menschen? Wir glauben, dass es besser wäre, so zu denken, und dass Er, nach dem alle Haare auf unserem Kopf gezählt sind, seinen Dienern in der Welt immer noch individuelle Fürsorge, Interesse und Aufmerksamkeit schenkt und Helden und Heilige aus den vielversprechendsten Materialien formt. und Apostel machen wie in alten Zeiten.

Als Beispiel für den Umgang Jesu mit seinen Dienern ist das Leben des Apostels Petrus äußerst eindrucksvoll. Erstens, weil er als Anführer der Apostel anerkannt wurde oder zumindest unter ihnen die größte Stellung innehatte, und auch, weil wir durch die vergleichende Methode in der Lage sind, aus den Evangelien genügend Informationen für eine Geschichte zu gewinnen seines Charakters, wenn nicht sogar seiner Karriere in den drei prägendsten Jahren seines Lebens.

SIMON TRIFFT JESUS.

Wir haben das Glück, einen Bericht über die erste Begegnung des galiläischen Fischers Simon mit Jesus von Nazareth zu besitzen. Uns wird gesagt (Johannes 1 , 35-42), dass Johannes der Täufer unmittelbar nach der Taufe Jesu und damit vor Beginn seines öffentlichen Wirkens eine halböffentliche Erklärung abgab, dass er der lang erwartete Heilige Israels sei. Seine Worte, wie sie im Vierten Evangelium aufgezeichnet sind, lauten: „Ich kannte ihn nicht; aber der mich sandte, um mit Wasser zu taufen, der sprach zu mir: Auf." Über wen du den Geist herabsteigen und auf ihm bleiben siehst, der ist es, der mit dem Heiligen Geist tauft . Und ich habe gesehen und bezeugt, dass dies der Sohn Gottes ist ein Wort von Jesus selbst, dass der lang erwartete Messias erschienen sei. Seine eben zitierte Erklärung muss in Anwesenheit einer bestimmten Anzahl seiner Jünger abgegeben worden sein, obwohl uns nicht gesagt wird, mit welcher Wirkung.

In gewisser Weise beginnt der Dienst Jesu mit der Erklärung des Johannes, und daher muss der Historizität des Berichts darüber eine gewisse Bedeutung beigemessen werden. Wenn Johannes erkannte , was wir zu Recht annehmen dürfen, dass Jesus genau die Person war, deren Einweihung seine Mission war, dann muss Jesu eigenes Werk in seinen Anfangsstadien stark vereinfacht worden sein. Es konnte weder die Möglichkeit einer Rivalität zwischen den Lehrern geben, noch bestand für Jesus die Notwendigkeit, die Vorgehensweise des Johannes exakt nachzuahmen und unberechtigt mit der Evangelisierung eines reaktionslosen Volkes zu beginnen. Johannes hatte den Geist seiner geistlicheren und ernsthafteren Anhänger auf eine solche Offenbarung vorbereitet, wie sie Jesus im Begriff war, zu geben. Wir können ohne Respektlosigkeit sagen, dass unser Herr sich die Ergebnisse der Predigt des Johannes zu eigen gemacht hat. Letzterer sah ohne Eifersucht oder Unruhe die Abkehr seiner besten Jünger auf die Seite Jesu zu, und seine eigene großmütige Aussage angesichts dieser Veränderung hat ihn zu einem hohen Gipfel in der Wertschätzung der Christenheit erhoben: „Er muss wachsen, ich aber muss." verringern." Seine Arbeit war noch nicht unbedingt erledigt, als Jesus am Tatort eintraf. Der strenge und edelherzige Prophet war dennoch in der Lage, weiterhin sein Bestes zu geben, um den Weg zu bereiten, die Hände Jesu zu stärken und die Herzen zu bewegen und die spirituelle Empfänglichkeit seiner Landsleute zu wecken. Was für eine majestätische Selbsthingabe!

Es ist nicht verwunderlich, dass von Zeit zu Zeit versucht wurde, den Bericht des Evangeliums über die enge Verbindung zwischen Johannes und Jesus in Lehre und Jüngerschaft zu diskreditieren. M. Rénan [1] beispielsweise hält die messianische Verkündigung für unhistorisch. Er meint, die Geschichte sei durch die Tatsache hinreichend widerlegt, dass Johannes sie später erkundigte, ob Jesus wirklich der versprochene Messias sei. (Matth. xi, 2 *ff.*, Lukas vii, 18 *ff.*) Johannes' Untersuchung in diesem Fall war sicherlich sehr energisch. „Bist du der Christus, oder suchen wir nach einem anderen?" Eine einfache Erklärung lässt sich jedoch in der Geschichte der Zeit finden, die zwischen der messianischen Verkündigung nach der Taufe und dem Datum seiner eigenen Verhaftung und Inhaftierung liegt. Johannes' Vorstellung vom Messiastum stimmte nicht genau mit der von Jesus überein. Er war überrascht, als er feststellte, dass Jesus weiterhin in aller Stille predigte und heilte, wenig oder gar nichts über seine eigenen persönlichen Ansprüche sagte und sich weder von Amts wegen noch von Gefolgschaft abhob. Diese Vorgehensweise verwirrte den feurigen Propheten, der einen Messias vorhergesagt hatte, der mächtiger war als er selbst, der die Vorstellungskraft der Welt beeindrucken und jedem Menschen entsprechend seinen Taten vergelten sollte. Das Vorgehen Jesu enttäuschte und irritierte ihn vielleicht, daher die abrupte Nachfrage, die seiner Zusicherung zu Beginn des Wirkens unseres Herrn zu widersprechen scheint.

Nehmen wir also an, dass Johannes tatsächlich Jesus als den Messias verkündete, dann sollten wir erwarten, dass die Ankündigung ein sehr großes Interesse bei denen wecken würde, die den Täufer am besten verstanden. Aus dem ersten Kapitel des vierten Evangeliums können wir schließen, dass Johannes eine Schule von Jüngern hatte, denen er esoterische Lehren gab. Diese wenigen Vertrauten freuten sich zweifellos sehnsüchtig auf die baldige Ankunft dessen, der das Königreich Israel wiederherstellen sollte. Wir wissen nicht, wie viele zu dieser Gruppe von Enthusiasten gehörten, aber es ist mehr als wahrscheinlich, dass alle oder fast alle Namen, die den Kern der ersten Jüngerschaft Jesu bildeten, ursprünglich als Anhänger Johannes des Täufers angesehen wurden. Dies waren genau die Art von Männern, zu denen sich Jesus hingezogen fühlte und auf die er sich verlassen konnte, wenn es um die Art von übertriebener Selbstlosigkeit ging, die er von ihnen zumindest zu einem gewissen Grad gleich zu Beginn ihrer Bekanntschaft mit sich selbst verlangte.

Aber um auf die Erzählung dieser Einleitung zurückzukommen: „Am folgenden Tag" fährt der Verfasser des Vierten Evangeliums fort: „Johannes stand da und zwei seiner Jünger; und er schaute auf Jesus, als er ging, und redete „Siehe, das Lamm Gottes! Und die beiden Jünger hörten es reden und folgten Jesus nach." Zweifellos wurden sie aufgrund der Ankündigung vom Vortag dazu veranlasst. Die Jünger des Johannes waren sich alle der Tatsache bewusst, dass Johannes der Vorbote einer größeren Zukunft war. Daher erregte die Aussage des Johannes über Jesus, die er nun nur vor sich selbst wiederholte, ihr eifriges Interesse, und sie verließen ihren Herrn und folgten dem Nazarener. Die Gelegenheit war einfach; es gab keine Menschenmenge, John redete einfach mit seinen beiden Anhängern; Jesus war allein. Der Ablauf der Ereignisse war sehr einfach; Jesus drehte sich um, sah sie ihm folgen und fragte, was sie suchten. Ihre Antwort war die Gegenfrage: „Rabbi, wo wohnst du?" „Kommt", sagte Er, „und ihr werdet sehen." „Sie kamen also", heißt es weiter in der Geschichte, „und sahen, wo er wohnte, und blieben an diesem Tag bei ihm; es war ungefähr in der zehnten Stunde." Hier haben wir eine vollständige kleine Erzählung voller schöner und natürlicher Anregungen. Diese beiden Männer führten offensichtlich ein langes Gespräch mit Jesus, vielleicht bis tief in die Nacht, und verließen Ihn auch am nächsten Tag nicht, außer aus einem Grund, auf den wir uns gleich beziehen müssen. In diesen Stunden der Gemeinschaft mit dem neuen Lehrer begann eine heilige Intimität.

„Einer der beiden, die Jesus reden hörten und ihm folgten, war Andreas, der Bruder von Simon Petrus." Wer war der andere? Könnte es der Verfasser des Vierten Evangeliums selbst sein, Johannes der Göttliche? Wenn ja, haben wir hier den Bericht über den Beginn einer heiligen Freundschaft, von der wir sprechen werden, solange die Kirche Gottes besteht. Johannes genoss das einzigartige Privileg, „der Jünger zu sein, den Jesus liebte", obwohl er nicht derjenige war, der dazu ausgewählt wurde, die kleine Schar von Anhängern anzuführen, die Jesus zurückließ. Die Beachtung dieser ersten Erwähnung von Johannes dem Göttlichen ist kein Exkurs, denn das Leben des Apostels Johannes ist auf ganz besondere Weise mit dem des rauen Fischers verbunden, den Jesus an die vorderste Stelle rief.

Gegend aufhielten, wissen wir nicht. Wahrscheinlich waren sie zu einem besonderen Zweck in Jerusalem und gingen vor ihrer Rückkehr nach Galiläa, um Johannes dem Täufer zuzuhören, zu dessen Jüngern sie sich zählten. Andrew war mit Sicherheit einer davon, sein Bruder jedoch möglicherweise nicht. Jedenfalls war Andreas erster Gedanke vor seiner Rückkehr nach Hause, Simon zu Jesus zu bringen. Die Erzählung geht weiter: „Er findet zuerst seinen eigenen Bruder Simon und spricht zu ihm: Wir haben den Messias gefunden. Er brachte ihn zu Jesus." Und wie im Fall von Nathanael, über den im selben Kapitel berichtet wird, scheint Jesus eine Einleitung erwartet zu haben. Im Evangelium heißt es: „Er blickte ihn an und sprach: Du bist Simon, der Sohn des Johannes, du sollst *Fels heißen* ." Zweifellos hatte Andreas Jesus den Namen seines Bruders gesagt und auch, dass er ihn holen würde; möglicherweise hatte er auch auf seinen impulsiven, eigensinnigen Charakter, seine Instabilität und Unentschlossenheit hingewiesen. Umso überraschender muss daher der Empfang gewesen sein, den Jesus dem Neuankömmling bereitete: „Du bist Simon (den ich erwartet habe). Du sollst *ein Fels genannt werden* ." Jesus blickte sehr weit nach vorne, als er den armen, ungestümen Simon mit einer solchen Prophezeiung begrüßte. Ein *Stein* war das allerletzte Ding auf der Welt, dem er in seinem Charakter jemals ähneln würde. Der neue Lehrer sah offenbar Möglichkeiten in ihm, die jeder , auch er selbst, zuvor ignoriert hatte.

Dies ist also Simons erste Begegnung mit Jesus, der Beginn einer Ausbildung, die ihm ein Schicksal bescheren sollte, um das die Großen der Erde durchaus neidisch sein könnten. Ihm wurde gegeben, einen Tag zu sehen, den viele Propheten und Gerechte sehen wollten, aber nicht gesehen hatten. In diesem scheinbar alltäglichen Mann, der möglicherweise ein grobes und sündiges Leben führte, hatte Jesus, obwohl er es nur in einer allgemeinen Prophezeiung sagte, den Fürsten der Apostel, den Führer der künftigen Kirche, entdeckt.

[1] „Leben Jesu", S. 156.

DER RUF ZUM DIENST.

Wir können davon ausgehen, dass die Bekanntschaft des Petrus mit unserem Herrn einige Zeit andauerte, bevor er zum tatsächlichen Dienst berufen wurde. Die Synoptiker beziehen sich alle auf diesen Aufruf, allerdings mit gewissen Unterschieden im Detail. Matthäus erwähnt Simon zum ersten Mal (IV. 18) im Zusammenhang mit seinem Bericht über den Beginn des Predigtdienstes Jesu. Er erzählt uns, dass unser Herr nach der Versuchung nach Kapernaum zog, um dort zu leben. Wir wissen wenig oder nichts über seine Bewegungen, außer dass er zu predigen begann und dass der Kern seiner Ermahnung lautete: „Tut Buße, denn das Himmelreich ist nahe!" Hier wird jedoch einiges vorgeschlagen. Kapernaum war Simons Heimat, und nach der Erzählung in Johannes I. damit in Matthäus IV. Wir haben die berechtigte Annahme, dass Jesus, nachdem er Andreas und Simon in Bethabara jenseits des Jordan kennengelernt hatte, mit ihnen nach Galiläa ging und seinen innigen Umgang mit ihnen fortsetzte , *siehe* Johannes I. 43, Johannes II. *ff.* Johannes II. 12. Der Aufenthalt Jesu in Kapernaum sollte nicht von Dauer sein, wie wir in Johannes II sehen. 12. Es ist durchaus möglich, dass dies nur unternommen wurde, um die Beziehungen zwischen ihm und den beiden Brüdern, die er durch den Täufer kennengelernt hatte, zu vertiefen. In Matt. iv. 18 Uns wird mitgeteilt, dass „er am See Genezareth entlangging und sah, wie zwei Brüder, Simon und sein Bruder Andreas, ein Netz ins Meer warfen, denn sie waren Fischer. Und er sprach zu ihnen: Kommt mir nach, und ich werde machen . " ihr Menschenfischer. Und sie verließen sogleich die Netze und folgten ihm.

Aber aufgrund der oben dargelegten Überlegungen könnten wir uns vorstellen, dass dies das erste Mal war, dass Jesus Petrus sah. Markus und Lukas sind expliziter, insbesondere Lukas. Bei Markus I. 16, also sehr früh in diesem besonderen Evangelium, lesen wir, dass Jesus nach der Auslieferung von Johannes nach Galiläa kam. „Und als er am See Genezareth entlangging, sah er Simon und Andreas, Simons Bruder, die ein Netz ins Meer warfen, denn sie waren Fischer. Und Jesus sprach zu ihnen: Kommt mir nach, und ich werde euch dazu *bringen* Menschenfischer." Wenn wir uns daran erinnern, dass das Markusevangelium in Wirklichkeit das Evangelium des Petrus selbst ist, das aller Wahrscheinlichkeit nach unter seiner Führung geschrieben wurde, sind wir auf die baldige Einführung des Rufs des ersten Apostels vorbereitet. Eine frühere Bekanntschaft wird hier eindeutig vermutet. Mark sagt mit seiner üblichen einfachen Direktheit und Lebendigkeit: „Er hat Simon gesehen." Man geht davon aus, dass Simon Jesus bereits gut bekannt war, und die Tatsache, dass die beiden Brüder ihre Netze verließen und ihm folgten, ist nicht so verwunderlich, wenn man bedenkt, dass ihre Freundschaft mit Jesus bereits gut etabliert war und ihr Glaube an seine

Autorität durch ihn bestätigt wurde ihr zunehmendes Wissen über sich selbst.

Wir müssen uns jedoch an Lukas wenden, um einen ausführlichen Bericht über die Krise zu erhalten, auf die Matthäus und Markus so kurz hingewiesen haben. Unter der Führung von Lukas werden unsere Vermutungen über den Verkehr zwischen Jesus und Simon zur Gewissheit. In Lukas IV. 38 Es wird uns erzählt, dass er, nachdem er in der Synagoge von Kapernaum gepredigt hatte, in das Haus Simons eintrat. Er heilte die Mutter von Simons Frau, die an Fieber litt. Dies scheint ein Wunder unter vielen ähnlichen Wundern an diesem Tag gewesen zu sein; Möglicherweise verbreitete sich die Nachricht davon: „Und", fährt Lukas fort, „als die Sonne unterging, brachten alle, die an mancherlei Krankheiten erkrankt waren , sie zu Ihm." Offensichtlich ist Jesus hier ein vertrauter Gast im Haus Simons und macht es zu seinem Hauptquartier.

Im nächsten Kapitel (Lukas 1–11) haben wir den Bericht des Lukas über die Berufung zum Dienst und die Umstände, die dazu führten. Als Ehrengast scheint Jesus nicht nur Simons Haus, sondern auch sein Fischerboot genutzt zu haben. Dieses Fischerboot bot ihm gelegentlich eine Kanzel, von der aus er zu den Menschenmengen am Meeresufer sprechen konnte. Als er bei einer solchen Gelegenheit seine Rede beendet hatte, bat er seinen Gastgeber, in die Tiefe hinauszufahren. Simon tat dies und dachte zweifellos, dass der neue Lehrer nach seinen langen Anstrengungen fliehen und sich ausruhen müsse. Aber Jesus hatte ein anderes Motiv als dieses. Simon war gezwungen gewesen, auf Sein Vergnügen zu warten, während Er predigte; Er war die ganze Nacht zuvor unterwegs gewesen, um seinem Beruf nachzugehen, und war zweifellos müde und erschöpft. Jesus wusste das alles und wollte ihm helfen. Auf seine Anweisung hin ließ Simon sein Netz auswerfen, um einen Zug zu machen. Dabei erklärte er jedoch, dass er tagsüber kein Ergebnis erwarte, da er in den Stunden der Dunkelheit nichts gefangen habe. Er warf die Netze einfach aus, um Jesus zu gefallen, dem er inzwischen sehr verbunden war. Das Ergebnis war der wundersame Fischzug.

Die Wirkung dieser wohltätigen Darstellung der übermenschlichen Macht Jesu auf Simon war überwältigend. Sein impulsiver Charakter zeigte sich sofort. Er warf sich zu Füßen seines Meisters mit der unüberlegten, aber ernsten Bitte, die aus dem Gefühl des Augenblicks entstand: „Geh von mir, denn ich bin ein sündiger Mann, o Herr!"

Was war der Grund für diesen seltsamen Ausbruch? Der wundersame Fischzug allein reichte nicht aus, um dies zu erklären; Es war der Anlass, aber nicht der Grund für Peters Handeln. Eine bessere Möglichkeit, dies zu erklären, wäre der Versuch, sich eine verständnisvolle Einschätzung der

Denkweise dieses unhöflichen Fischers unter dem Einfluss seiner kurzen Bekanntschaft mit Jesus von Nazareth zu bilden. Wie andere seiner Klasse war Simon höchstwahrscheinlich bis zu dem Tag, als Andreas ihn Jesus vorstellte, undiszipliniert und grob gewesen. Er dachte vielleicht sehr wenig über hohe und heilige Dinge nach, und doch verspürte er, wie es bei einer groben, aber großzügigen Natur oft vorkommt, einen instinktiven Respekt vor dem Guten, wann immer er es in einem anderen verkörpert sah. Er fühlte sich zu Jesus hingezogen, als Andreas behauptete, er sei der Messias. In der zunehmenden Intimität des anschließenden Geschlechtsverkehrs muss er zu dem Gefühl gekommen sein, dass Jesus der beste Mann war, den er je getroffen hatte. Jesus kam als Segensgabe in Simons Haus. Seine bloße Anwesenheit muss die besseren Gefühle geweckt haben, die im Herzen des ausgelassenen Fischers schlummerten. Simon lernte, Jesus zu lieben, und lauschte zweifellos mit einfachem, ehrfürchtigem Interesse den Worten, die er vom Aussichtspunkt von Simons Boot aus an die Menge zu richten pflegte. Jesus entdeckte ihn für sich selbst: Er sah, wie arm, gemein und unbefriedigend sein eigenes Leben und seine Ideale im Vergleich zum Charakter dieses erhabenen Fremden waren.

Zu diesen Überlegungen fügte Jesus noch eine weitere hinzu. Aus purer Rücksichtnahme und Freundlichkeit für Simon hatte er ihn gebeten, in See zu stechen und seine Netze auszuwerfen, und der arme Simon, völlig unvorbereitet auf das Ergebnis, sah nun, dass in seinem Freund und Gast gleichzeitig wunderbare Güte und wunderbare Macht vereint waren . Simons erstes Gefühl war, dass er von ihm weg wollte, dass er völlig ungeeignet war, in der Gegenwart eines solchen Wesens zu sein, und dass er, wie der Zenturio später, es nicht wert war, dass er unter sein Dach kam. Der Ruf: „Geh weg von mir!" bedeutete zweifellos: „Verlasse mein Zuhause. Bleib nicht länger bei mir . Ich bin für ein solches Privileg ungeeignet, einer solchen Gesellschaft unwürdig. Wähle einen anderen und besseren Partner, denn ich bin ein sündiger Mann!"

Wir sind Lukas für diesen ausführlichen Bericht über ein wichtiges Ereignis im Leben eines interessanten Mannes zu Dank verpflichtet. Einige Leute glauben, dass Lukas diese Geschichte mit einer ähnlichen Geschichte aus Johannes XXI verwechselt hat. Daran besteht kein Grund zu denken, die Szene endet ganz natürlich. Matthäus und Markus verschweigen, warum Jesus kam, um den Ruf an Simon und Andreas, Jakobus und Johannes auszudehnen. Ihrer kurzen Aussage zufolge sah Jesus, wie sie ein Netz ins Meer warfen; Laut Lukas war es Er, der ihnen befahl, das Netz auszuwerfen. Simons Geständnis und Bitte gaben ihm eine weitere Gelegenheit: „Fürchte dich nicht, sagte er, von nun an sollst du Menschen fangen. Und als sie ihre Boote an Land gebracht hatten, ließen sie alles zurück und folgten ihm . "

Anhand dieser wunderbaren Handlungsabfolge erkennen wir, dass Jesus der Ausbildung der Männer, die ihm bei der Evangelisierung der Welt dienen sollten, viel Aufmerksamkeit und Sorgfalt schenkte. Seine Prophezeiung in Bezug auf Simon bei ihrer ersten Begegnung hatte er sich zum Ziel gesetzt, zu erfüllen. Petrus war damals noch nicht bereit, berufen zu werden, und Jesus rief ihn auch nicht; Ohne seine Bedeutung zu erklären, äußerte er eine Prophezeiung über Simons zukünftigen Charakter, die niemand außer ihm selbst verstehen konnte. Er begrüßte Simons Eingeständnis der Unwürdigkeit als erste Voraussetzung für die Erlangung dieses Charakters. Simon war nur in dem Maße geeignet, wie er eingesetzt werden konnte, als er seine eigene Untauglichkeit erkannte . „Ich bin ein sündiger Mann", war die Äußerung, die es ihm ermöglichte, aufzustehen und ein Retter zu werden .

SIMONS ERSTER AUFTRAG ALS PREDIGER.

Bald wurde es für unseren Herrn notwendig, aus der Zahl seiner Jünger diejenigen auszuwählen, die ihn repräsentieren und mit seiner Autorität ausgestattet werden sollten, nachdem seine sichtbare Präsenz der jungen Kirche entzogen worden war. In Matthäus X., Markus III. und Lukas VI. haben wir die Evangelienberichte über die Ernennung von Aposteln. Die Wahl wurde sehr feierlich getroffen, der Meister „betete die ganze Nacht zu Gott, und als es Tag wurde , rief er seine Jünger und wählte aus ihnen zwölf aus, die er auch zu Aposteln ernannte." In dieser kleinen Band wurde Simon eine besondere Bedeutung zugestanden. In den von den Synoptisten einzeln vorgelegten Listen steht Simons Name stets an erster Stelle. Besonders Matthäus beginnt mit den markanten Worten: „Zuerst aber Simon, der Petrus heißt." Simons Vorrang war offensichtlich der Wunsch Jesu selbst." Die Zwölf akzeptierten es darüber hinaus ohne Einwände; Simon ist fast immer ihr Sprecher. Wenn Jesus jemals Gelegenheit hatte, eine Frage zu stellen, antwortete Simon normalerweise im Namen der anderen. Der einzige Fall, in dem seine Führung umstritten war, war während der Rivalität mit den Söhnen des Zebedäus. Darauf müssen wir jedoch gleich hinweisen.

Die neu ernannten Apostel wurden nun auf eine Predigtmission ausgesandt; Ihre Aufgabe bestand darin, die Ankunft Jesu selbst in den Bezirken anzukündigen, in die er kommen sollte. Ihr Thema sollte sein: „Das Königreich des Himmels ist nahe." Ihnen wurden gewisse wundersame Kräfte verliehen; Sie sollten Kranke heilen, Aussätzige reinigen, Tote auferwecken und Dämonen austreiben. Sie sollten ohne Gold und Silber reisen; Sie sollten weder zwei Mäntel noch Schuhe oder einen Stab mitnehmen, sondern auf die Gastfreundschaft derer vertrauen, denen sie predigten. Sie sollten sich als Schafe betrachten, die inmitten der Wölfe ausgesandt wurden; Sie sollten weise wie Schlangen und harmlos wie Tauben sein. Sie mussten mit Verfolgung rechnen; Und hier deutete ihr Meister an, was noch lange danach geschehen sollte, nämlich dass sie damit rechnen mussten, um Seinetwillen und als Zeugnis vor der heidnischen Welt vor Statthalter und Könige gebracht zu werden. Sie sollten nicht zu sehr auf die Form ihrer Botschaft achten; „Denn", sagte Jesus, „nicht ihr redet, sondern der Geist eures Vaters redet in euch." Sie sollten keinen Widerstand fürchten, ihnen wurde ein großer Mut und ein einfacher Glaube abverlangt. Sie sollten sich dem Führer, in dessen Dienst sie nun eingezogen waren, in größtem Gehorsam und unterwürfigster Unterwerfung unterwerfen. Jesus erwartete, das größte Interesse an ihrem Leben zu haben. Er bat um eine Hingabe, die vor keinem Opfer zurückschrecken sollte, und erreichte den Höhepunkt seiner Ermahnung in der Aussage: „Wer nicht sein Kreuz auf sich nimmt und mir nachfolgt, ist meiner nicht würdig. Wer sein Leben findet, wird es verlieren . " Wer sein Leben um meinetwillen verliert, wird es finden.

Diese Predigtreise war Simons erste Prüfung in der Arbeit des Dienstes. Jesus hatte ihn nicht nur berufen , er hatte ihm auch eine Aufgabe gegeben. Es war nur eine einfache Pflicht, doch die treue Erfüllung dieser vorläufigen Verpflichtung sollte mit der Zeit zu Größerem führen. Es besteht kein Zweifel daran, dass Jesus die Absicht hatte, die Männer, die er an seine Seite gerufen hatte, auf diese Weise auf die Probe zu stellen. Diese Predigtreise war der bescheidene Beginn der heroischen Tage der frühen Kirche.

SIMON ERKENNT JESUS ALS DEN CHRISTUS AN.

Bisher scheint unser Herr seinen Jüngern wenig oder gar nichts über seine eigene Persönlichkeit gesagt zu haben. Er muss dafür bestimmte Gründe gehabt haben. Der Hauptgrund war zweifellos, dass er davor zurückschreckte, bei seinen Anhängern falsche Erwartungen zu wecken. Sie suchten nach einem Helden, dem Messias, einem großen Befreier, einem weltlichen Fürsten. Jesus wusste aus Erfahrung, wie äußerst schwierig es ist, den Standpunkt eines Menschen zu ändern oder eine Voreingenommenheit aus seinem Geist zu vertreiben, deshalb zog er es vor, seinem Charakter einen eigenen Eindruck zu verleihen und von diesem neuen Standpunkt aus die Vorstellungen der Menschen zu heben die Funktionen des Messias. Sein Dienst wäre durch ein voreiliges Beharren auf seinen übernatürlichen Ansprüchen ernsthaft beeinträchtigt worden, tatsächlich konnte die Gefahr bei bestimmten Gelegenheiten nur knapp abgewendet werden. Einst hätte das Volk ihn mit Gewalt gefangen genommen, um ihn zum König zu machen, ein anderes Mal hießen sie ihn mit Hosianna in Jerusalem willkommen. Er wurde oft als Sohn Davids angesprochen, eine Beschreibung, die nur auf Christus zutrifft, wie die bereitwillige Antwort der Pharisäer auf seine eigene Frage bei einem kritischen Anlass deutlich zeigt. „Was haltet ihr von Christus? Wessen Sohn ist er?" Sie antworteten ohne zu zögern: „Der Sohn Davids." Jesus hatte nicht den Wunsch, seine Ansprüche zu verbergen, aber andererseits achtete er darauf, durch die Bekanntgabe dieser Ansprüche keine Missverständnisse über seinen wahren Charakter zu erwecken. Diese Zurückhaltung verwirrte die religiösen Führer sehr, wie aus ihrer etwas kategorischen Forderung hervorgeht: „Wie lange lässt Du uns zweifeln? Wenn Du der Christus bist, sag es uns deutlich."

Mit den Jüngern selbst verfolgte Jesus den gleichen Weg, denn sie waren derselben Gefahr ausgesetzt, der Gefahr, die wahre Natur des Messiastums falsch zu verstehen. Wie lange er es unterließ, offen zu diesem Thema zu sprechen, können wir nicht bestimmen; Aber einige Zeit nach der Rückkehr der Apostel von der Predigtmission glaubte Er, dass es an der Zeit sei, ihnen eine Theorie über Seine Person zu entlocken. Eines Tages, auf seinem Weg durch die Dörfer von Cäsarea Philippi, stellte er seinen Anhängern plötzlich die Frage: „Für wen halten mich die Menschen?" Und sie antworteten: „Die einen sagen Johannes der Täufer, die anderen Elia und die anderen einen der Propheten." Jesus setzte sein Verhör mit der weiteren Frage fort: „Wer aber sagt *ihr*, dass ich bin?" Matthäus, Markus und Lukas[1] sind sich alle einig, dass Petrus die gewünschte Antwort gab: „Du bist der Christus, der Sohn des lebendigen Gottes." Der Bericht des Matthäus ist der umständlichste und vermittelt am deutlichsten den Eindruck, dass Jesus mit der Antwort zufrieden war. Seine lobenden Worte an Simon bei dieser Gelegenheit sind eine bemerkenswerte Erweiterung der Prophezeiung, die in seinem ersten Gruß an ihn enthalten ist, wie er in Johannes I dargelegt ist . 42. Matthäus' Version lautet: „Gesegnet seist du, Simon Bar- Jona , denn Fleisch und Blut haben es dir nicht offenbart, sondern mein Vater im Himmel. Und ich sage dir auch, dass du Petrus bist, und auf diesem Felsen werde ich es tun." Baue meine Kirche, und die Pforten des Hades werden sie nicht überwältigen. Ich werde dir die Schlüssel des Himmelreichs geben, und alles, was du auf Erden binden wirst, wird im Himmel gebunden sein; und was auch immer du auf Erden lösen wirst, wird sein im Himmel losgelassen."

Von diesem Punkt an verschmilzt Simon, der Fischer, mit Petrus, dem Apostel. Seine Ausbildung hatte nun einen Punkt erreicht, an dem seine spirituellen Wahrnehmungen geschärft wurden und sein Glaube an Jesus zur Ejakulation geführt hatte, die der grundlegende Artikel des Glaubensbekenntnisses der Christenheit ist. Die Bezugnahme Jesu auf Simon bei dieser Gelegenheit ist seit dem Tag ihrer ersten Begegnung etwas ausführlicher geworden. Damals hatte er gesagt: „Du *sollst ein Fels genannt werden* ", jetzt beteuert er: „Gesegnet bist du. Du wurdest von Gott gelehrt; du *bist* ein Fels, und auf diesem Felsen werde ich meine Kirche bauen." Hierin lag eine hohe Auszeichnung für den ersten Apostel; Ihm wurde eine Treuhandschaft anvertraut, die Vormundschaft über die neu gegründete Kirche, und wie viel damit verbunden war, konnte er selbst in diesem besonderen Moment keineswegs vorhersehen. Es bedarf noch großer Disziplin, bis er fähig ist, die große Verantwortung zu übernehmen. Wahrscheinlich schreckt er nicht vor der Aufgabe zurück, denn er kennt ihre Größe nicht, und er ist auch nicht bescheiden in Bezug auf seine eigenen Qualifikationen dafür, wie sich gleich herausstellen wird. Durch Versagen und Demütigung muss er gelehrt werden, dass die Nachfolge Jesu ein Weg des Kreuzes ist und dass die Kraft für die Pflicht nicht in Petrus, dem Apostel, sondern in Christus, der den Auftrag erteilt hat, und in dem Vater, der ihm die Wahrheit offenbart hat, wohnt über den Sohn Gottes.

Die Zeit, die wir jetzt betrachten, war für den Apostel Petrus eine Zeit geistlicher Höhen und Tiefen. Es scheint, dass er zu leicht begeistert, aber ebenso leicht demütigt wurde. Jetzt begann er zu spüren, wie wichtig er war, und zweifellos wurde er durch die nachdrückliche Belobigung, die unser Herr ihm in Gegenwart der Zwölf entgegenbrachte, im Geiste etwas erhöht. Er hatte Jesus zum Christus erklärt, aber ein Christus, der durch Leiden Gehorsam lernte, war für ihn noch undenkbar. Diese grobe Wahrnehmung ist die Erklärung für den Fehler, in den er sofort verfiel. Kaum hatte Jesus die Erklärung hervorgebracht, dass er selbst der Christus sei, begann er, nachdem er die Jünger aufgefordert hatte, niemandem diesbezüglich etwas zu sagen, ihnen die wahre Natur des Messiastums zu lehren. In ihren verschiedenen Berichten über das Folgende weichen die Synoptiker ein wenig voneinander ab. Matthäus (xvii. 21) weist darauf hin, dass möglicherweise einige Zeit vergangen ist, bevor Jesus begann, seine Jünger systematisch über seine Berufung und seinen Tod zu unterrichten. Lukas (IX. 22) erklärt, dass er im selben Interview sofort damit fortfuhr, sie auf seine bevorstehende Demütigung, Schande und seinen Tod vorzubereiten. Luke – der, wie Dr. Bruce bemerkt, die Zwölf immer verschont – sagt nichts über eine weitere Einmischung von Peter in das Gespräch.

Diesmal müssen wir uns an Markus wenden, um den klarsten Bericht darüber zu erhalten, was geschehen ist. Petrus jedenfalls schont sich in seinen Erzählungen nie. In Kapitel VIII. 31, Markus erzählt uns, dass Jesus nach dem Bekenntnis des Petrus: „Du bist der Christus" begann, sie zu lehren: „Der Menschensohn muss viel erleiden und von den Ältesten, den Hohenpriestern und den Schriftgelehrten verworfen und getötet werden." und nach drei Tagen wieder auferstehen. Es ist bemerkenswert, dass Petrus in diesem Evangelium kein Wort über den außerordentlichen Segen und die Verheißung sagt, die ihm durch seine Anerkennung der Messiasschaft Jesu zuteil wurden. Er erzählt uns jedoch treu und demütig von der harten Zurückweisung, die er für seine Anmaßung erhielt. Es tat ihm sehr leid, dass Jesus seine eigenen Leiden und seinen eigenen Tod vorhersagte. Ein solches Schicksal entsprach überhaupt nicht der Vorstellung des Petrus vom Schicksal Christi. Er konnte es nicht verstehen, und wir können annehmen, dass er Jesus zu sehr liebte, um bereit zu sein, dass er überhaupt etwas erduldete, sei es Demütigung, Ablehnung oder Versagen. Er war auch nicht bereit zu glauben, dass sein eigener neuer Vorrang vor den Aposteln nichts Besseres als Tragödie und Niederlage zur Folge haben würde. Wie wir sehen werden, hielt er lange Zeit an der Vorstellung weltlicher Ehre und Aufstiegs fest. Er stellte sich vor, dass solche Belohnungen in der natürlichen Ordnung der Dinge liegen; Sie waren das Ergebnis seiner vorgefassten Meinung über die Funktionen des Christus Gottes.

Vielleicht fühlte sich Petrus aufgrund der Worte, die Jesus gerade an ihn gerichtet hatte, auch etwas hocherfreut und überheblich, und er rühmte sich seines außergewöhnlichen Privilegs und übernahm die Pflicht, seinen Meister zu tadeln. Denn Markus sagt uns: „Petrus nahm ihn und fing an, ihn zu tadeln." Es folgte ein strenger Verweis. „Jesus drehte sich um, und als er seine Jünger sah, tadelte er Petrus und sprach: „Geh hinter mich, Satan, denn du achtest nicht auf die Dinge Gottes, sondern auf die Dinge der Menschen." Matthäus fügt hinzu, dass Jesus auch sagte: „Du bist ein Ärgernis für mich." Lukas lässt freundlicherweise jeden Hinweis auf den schmerzhaften Moment weg. So erzielte Petrus im Laufe weniger Augenblicke einen großen spirituellen Erfolg und beging einen ungeistlichen Fehler: Er wurde erhöht und gedemütigt, gelobt und getadelt. In späteren Tagen erinnerte er sich mit besonderer Deutlichkeit daran, dass ihm in dieser Stunde der wahre Geist fehlte, und gab daher durch Markus' Vermittlung getreulich für die Kirche Christi den Bericht über seine wohlverdiente Erniedrigung wieder. Alle drei Synoptiker beenden ihren Bericht über diese Szene mit der Wiederholung des großen Ausspruchs Jesu: „Wer mir nachfolgen würde, der verleugne sich selbst und nehme sein Kreuz auf sich und folge mir nach. Denn wer sein Leben retten will, wird es verlieren, und wer auch immer." wird sein Leben um Meinetwillen verlieren und das Evangelium wird es retten. Denn was nützt es einem Menschen, die ganze Welt zu gewinnen und sein Leben einzubüßen? Denn was sollte ein Mensch im Austausch für sein Leben geben?" Den meisten von uns fällt es genauso schwer, diese Lektion zu lernen, wie es offenbar für Petrus der Fall war.

Die einzigartige Bedeutung der Religion Jesu hängt von einem richtigen Verständnis des gerade erläuterten Prinzips ab. Das christliche Leben ist und muss ein *Kreuzweg sein* , ist aber gleichzeitig auch der Weg, der zum Leben führt. Der von Christus verkündete Grundsatz, für das Leben zu sterben, unterscheidet sich von dem selbst der größten seiner Vorgänger in der Erkenntnis, dass wahre Freude durch Selbstkreuzigung bedingt ist. Die menschliche Natur hat die Lektion nur langsam gelernt. Der große Verzicht Gautama Buddhas zum Beispiel bestand in der Unterdrückung der Individualität und der Zerstörung der natürlichen Wünsche. Die Wirkung seines Systems war negativ; Das höhere Leben sollte ein Leben der Selbstunterdrückung sein, was sicherlich etwas ganz anderes war als die Selbstkreuzigung. Gautama stellte das Ideal darin, mit dem Leben aufzuhören; Christus hingegen lehrte seine Nachfolger, tiefer, wahrer und großartiger zu leben als zuvor. Jesus nachzufolgen bedeutet heute wie immer, mehr und nicht weniger zu empfinden, die Summe unserer Interessen zu vergrößern und nicht von ihnen zu nehmen, den Standard unserer Hoffnungen zu erhöhen und nicht zu senken. Wie Gautama fordert er einen Verzicht, aber dieser Verzicht ist das Tor zu einem größeren Leben. Die feierliche Freude der christlichen Erfahrung findet ihre Entsprechung in keiner anderen Lehre, die die Welt jemals erhalten hat. Wie können wir überrascht sein, dass Asketen und Hedonisten innerhalb der christlichen Kirche selbst so häufig und beklagenswerterweise den Geist der Lehre ihres Meisters verwechselt haben? Das Ideal von Thomas à Kempis ist trotz seiner Schönheit nicht mehr das Ideal von Jesus als das Ideal von Gautama. Wie langsam lernen die Menschen, dass Frieden und Trübsal, Freude und Leid, Freude und das Kreuz nicht unvereinbar sind, sondern die Bedingungen füreinander!

Bevor wir Petrus mit unserem Tadel wegen seiner unverkennbaren Abneigung gegen die Vision Christi vom Kreuz besuchen, wollen wir uns selbst Beachtung schenken. Dieselben Fehler können sehr unterschiedliche

Formen annehmen. Für viele von uns ist das Ideal der menschlichen Glückseligkeit, das wir christlich nennen, im Wesentlichen heidnisch. Unsere Dankbarkeit zeigt es. Wir sind Gott dankbar für abgewendete Probleme, bewahrtes Glück und gesichertes Glück. Wir gehen stillschweigend davon aus, dass das Gegenteil davon ein Übel gewesen wäre. Wir loben die Güte Gottes, die uns vor Unheil und Unglück beschützt, und obwohl es kaum der Mühe wert erscheint, es auszusprechen, haben einige von Natur aus liebenswürdige Charaktere mit einer Vorliebe für heilige Dinge gleichzeitig ihren Glauben und ihre Freundlichkeit verloren Zeit mit der Ankunft der Trauer. Es liegt mir fern, darauf zu bestehen, dass die Menschen aufhören sollten, Gott für die Süße und die Freude des Lebens zu danken, aber wenn wir hier die Betonung darauf legen und uns weigern, das Kreuz auf uns zu nehmen, wenn es uns präsentiert wird, haben wir uns von der Erreichung ausgeschlossen des höchsten Gutes, das darin besteht, die Gemeinschaft der Leiden Christi zu kennen. „Die Pforte ist eng und der Weg, der zum Leben führt, schmal, und nur wenige finden ihn." Wenn diejenigen, die Christus nachfolgen wollen, die klare Wahrheit über den notwendigen Zusammenhang zwischen der Annahme des Kreuzes und dem Erreichen wahrer Seligkeit begreifen würden, gäbe es weniger der traurigen Misserfolge, die so häufig bei denen zutage treten, die davon enttäuscht sind Ergebnis ihres Glaubens an Gott.

Ich glaube, dass das, was Sie Vertrauen nennen, im besten Fall Selbsttäuschung war: Denn sehen Sie! Solange Gott freundlicherweise einen Weg für Sie ebnet und Sie vor der Welt schützt, Ihnen völlige Befreiung vom Los der Menschen, den gemeinsamen Hoffnungen der Menschen und anderen verschafft Befürchtet, unter dem bloßen Vorwand, dass du dich in Seinem Dienst engagierst – dir eine grenzenlose Freiheit zu verschaffen , dich tatsächlich zu Gott zu machen
und dich zu deinem Sklaven zu machen –, warst du damit zufrieden, die meisten höfischen Lobpreisungen auszusprechen! Was ist es schließlich, außer Egoismus ohne Beispiel? Niemand konnte Gottes Willen so deutlich nachvollziehen wie du, während dein Wille darin enthalten blieb; aber jetzt versagst du, und wir, die wir über diesen Willen reden, sind Narren! Kurz gesagt, Gottes Dienst wird hier eingerichtet, wie Er es für richtig hält, und nicht auf deine Weise, und das kannst du nicht ertragen.[2]

Die Einwände des Petrus hier sind nur ein Beispiel für ein sehr verbreitetes menschliches Gefühl in Bezug auf die Dinge Christi. Es zeigte eine gewisse Unreife des Charakters und eine Rohheit der Wahrnehmung, die ihn trotz seiner echten Zuneigung zu seinem Meister zu diesem Zeitpunkt davon abhielt, Ihn zu verstehen.

[1] Matt. xvi. 16, Markus VIII. 29, Lukas ix. 20.

[2] Browning, „Paracelsus.“

SIMON PETER IST ZEUGE DER VERKLÄRUNG.

Am Ende des oben erwähnten Gesprächs erklärte unser Herr: „Es gibt hier einige von denen, die bereitstehen und auf keinen Fall den Tod schmecken werden, bis sie sehen, dass das Reich Gottes mit Macht kommt." Ungefähr eine Woche nach dieser Verheißung – Markus sagt „sechs Tage" und Lukas „ungefähr acht Tage" – „nahm Jesus Petrus, Jakobus und Johannes mit sich und ging mit ihnen auf einen hohen Berg, für sich allein, und wurde vor ihnen verklärt." " Matthäus (Kapitel xvii) sagt: „Sein Gesicht leuchtete wie die Sonne und seine Kleider wurden weiß wie das Licht." Lukas sagt wunderschön: „Während er *betete,* veränderte sich die Gestalt seines Gesichts und seine Kleidung wurde weiß und strahlend. Und siehe, da redeten zwei Männer mit ihm, das waren Mose und Elia, die in Herrlichkeit erschienen, und sprachen von seinem Tod, der . " Er war kurz davor, in Jerusalem etwas zu erreichen. Die drei Apostel liefen Gefahr, die Vision zu verpassen, denn wie es später in der Stunde seiner Todesangst geschah, schliefen sie oder waren zumindest „schwer vom Schlaf". Lukas fährt jedoch fort: „Als sie völlig wach waren , sahen sie seine Herrlichkeit und die beiden Männer, die bei ihm standen." Die drei Galiläer waren von dem Anblick beeindruckt, und Petrus brach in seiner Verunsicherung mit dem Angebot aus, drei Stiftshütten zu bauen. Markus sagt: „Er wusste nicht, was er antworten sollte, denn sie hatten große Angst." Matthäus schreibt: „Während er noch redete, da überschattete sie eine helle Wolke, und siehe, eine Stimme aus der Wolke sprach: Dies ist mein geliebter Sohn, an dem ich Wohlgefallen gefunden habe; hört ihn. Und wann Als die Jünger es hörten, fielen sie auf ihr Angesicht und fürchteten sich sehr. Und Jesus kam und berührte sie und sprach: Steht auf und fürchtet euch nicht! Und als sie ihre Augen aufhoben, sahen sie niemand außer Jesus allein. Im zweiten Petrusbrief (1. 16-18) haben wir einen weiteren Bericht, der tatsächlich die direkte Aussage von Petrus selbst in Bezug auf diese außergewöhnliche Vision sein soll. Er sagt: „Denn wir sind nicht listigen Fabeln gefolgt, als wir euch die Macht und das Kommen unseres Herrn Jesus Christus kundgetan haben, sondern wir waren Augenzeugen seiner Majestät. Denn als er dort war, empfing er von Gott, dem Vater, Ehre und Herrlichkeit . " Eine solche Stimme kam zu ihm aus der herrlichen Herrlichkeit: Dies ist mein geliebter Sohn, an dem ich Wohlgefallen habe; und diese Stimme hörten wir selbst aus dem Himmel kommen, als wir mit ihm auf dem heiligen Berg waren.

Als sie vom Berg herabstiegen, „befahl ihnen Jesus, es niemandem zu sagen, bis er von den Toten auferstanden sei." Und laut Markus „hielten sie sich an das Sprichwort und fragten sich untereinander, was die Auferstehung von den Toten bedeuten sollte." Es ist offensichtlich, dass Petrus selbst zu diesem Zeitpunkt nicht in der Lage war zu erkennen , dass sein Meister wirklich gekreuzigt und getötet werden sollte.

Wir können nicht anders, als zu bedauern, dass die unmittelbare Auswirkung dieser herrlichen Vision auf Petrus, Jakobus und Johannes offenbar eine Neigung zu Arroganz und Ehrgeiz gewesen zu sein scheint. Wir haben jetzt Hinweise auf eine Spaltung im apostolischen Kreis zwischen den Anhängern von Petrus und denen von Jakobus und Johannes. Petrus und die Söhne des Zebedäus werden nun zu Rivalen um die Vorherrschaft; Sie waren gemeinsam Zeugen der Verklärung gewesen – ein angeblicher Vorgeschmack auf die irdische Herrlichkeit ihres Meisters, die bald erscheinen sollte. Markus ist unsere wichtigste Autorität für diese Annahme, und wir können darauf vertrauen, dass wir in seinem Bericht Petrus' Erinnerung an die wahre Abfolge der Szenen und Vorfälle haben. Nach seinem Bericht über die Prophezeiung Jesu in Bezug auf seinen eigenen Tod fährt er fort: „Und sie kamen nach Kapernaum. Und als er im Haus war, fragte er sie: Was habt ihr auf dem Weg überlegt? Aber sie schwiegen; denn sie hatten es getan . " stritten miteinander auf dem Weg darüber, wer der Größte sei. Und er setzte sich und rief die Zwölf und sprach zu ihnen: Wenn jemand der Erste sein will, soll er der Letzte von allen und Diener von allen sein. Und er nahm einen und stellte es in ihre Mitte, nahm es in seine Arme und sprach zu ihnen: Wer eines dieser kleinen Kinder in meinem Namen aufnimmt, der nimmt mich auf; und wer mich aufnimmt , der nimmt nicht mich auf , sondern den, der sie empfängt schickte mir." Lukas bestätigt diese Geschichte mit weniger Worten; Matthäus erwähnt dies ganz kurz, ohne etwas über den Streit zu sagen.

Markus und Lukas fügen einen Hinweis auf einen anderen Vorfall hinzu, der uns einen Einblick in den damaligen Geisteszustand dessen gibt, der zum „geliebten Jünger" wurde. „Johannes sprach zu ihm: Meister, wir haben einen gesehen, der in deinem Namen Teufel austreibt, und wir haben es ihm verboten, weil er uns nicht folgt . Aber Jesus sagte zu ihm: Verbiete es ihm nicht, denn wer nicht gegen dich ist, ist für dich." ." (Markus IX. 38-40, Lukas IX. 49-50.) Lukas fügt eine weitere Aussage über die beiden Söhne des Zebedäus hinzu, die uns in Verbindung mit der gerade erwähnten zu der Annahme führt, dass die drei am meisten begünstigten Apostel dabei waren Zeit in einem Geisteszustand, in dem Arroganz, Ehrgeiz und Intoleranz Gesellschaft leisteten. Jesus und seinen Anhängern war die Gastfreundschaft in einem samaritanischen Dorf verweigert worden, und Jakobus und Johannes baten darum, es Elia gleichtun zu dürfen und Feuer vom Himmel herabzurufen, um sie zu verzehren. Ihr Meister tadelte sie sofort und fügte mit Bedauern hinzu (denn er musste sehr deutlich gesehen haben, wie die Dinge in seinem Kreis liefen): „Ihr wisst nicht, was für ein Geist ihr seid. Denn der Menschensohn ist nicht gekommen, um das Leben der Menschen zu zerstören. sondern um sie zu retten. Markus (x. 35-45) berichtet von einem anderen Vorfall ähnlicher Art, bei dem Jakobus und Johannes um den Vorrang kämpften und aufgrund ihrer Vertrautheit mit Ihm darum baten, dass ihnen der Sitz zu seiner Rechten gegeben werden möge und der andere zu seiner Linken, in seinem Königreich. Jesus antwortete zu Recht: „Ihr wisst nicht, was ihr verlangt." Matthäus (xx. 20) sagt, dass die Mutter der Söhne des Zebedäus ihrer Bitte Vorzug gab und dass die zehn „von Empörung über die beiden Brüder bewegt waren". Jesus war sehr geduldig mit ihnen. Er blickte über ihr törichtes Verlangen hinaus und prophezeite, dass sie tatsächlich aus Seinem Kelch trinken und mit Seiner Taufe getauft werden würden, und schloss mit einer allgemeinen Ermahnung an die Zwölf, ihren Ehrgeiz beiseite zu legen, indem er sagte: „Wer unter euch groß sein will, soll euer Diener sein." und wer der Erste unter euch sein will, soll der Diener aller sein. Denn wahrlich, der Menschensohn ist nicht gekommen, um sich bedienen zu lassen, sondern um zu dienen und sein Leben als Lösegeld für viele hinzugeben." (Markierung x. 43-45.)

Arme menschliche Natur! Die einzige offensichtliche Auswirkung des hohen Privilegs, das den drei bedeutendsten Aposteln zuteil wurde, bestand bislang darin, Rivalität und Eifersucht zwischen ihnen hervorzurufen. Die Donnersöhne zeigen eine Intoleranz und Selbstsucht, die den Zorn der anderen erregen; Wir können sicher sein, dass es auch Petrus war, denn Petrus war die Person , deren Vorrang bedroht war. Petrus hatte den Punkt der freiwilligen Selbstverleugnung noch nicht erreicht – weit davon entfernt, wie wir gleich sehen werden. Der Anschauungsunterricht unseres Herrn anhand eines kleinen Kindes hat bisher noch nicht zum Charakter des „Fürsten der Apostel" geführt. Er war nicht bereit, den Geist eines kleinen Kindes zu zeigen oder seine eigene Veranlagung dem Herzen eines kleinen Kindes anzupassen. Er war noch nicht in der Lage, sich vorzustellen, wie der Erste der Letzte sein könnte oder wie der Herr aller Diener aller sein könnte. Die ihm von seinem göttlichen Meister erwiesene Gunst hat bisher nur dazu gedient, ihn in seiner eigenen Wertschätzung zu steigern. Von diesem Punkt aus werden wir sehen, dass Petrus nur durch die Erfahrungen von Demütigung und Versagen in der Lage war, zur wahren Idee des christlichen Dienstes zu gelangen.

Der Punkt, an dem wir jetzt angekommen sind, ist einer der lehrreichsten im neutestamentlichen Bericht über die Sichtweise unseres Herrn auf die wahre Menschheit. Es wird häufig angenommen, dass persönlicher Ehrgeiz eine wesentliche Voraussetzung für den Fortschritt der Gesellschaft ist. Große Denker vor und nach Christus waren sich darin einig, dass diese besondere Leidenschaft ein Instrument zum Fortschritt der Gesellschaft war und daher einem nützlichen Zweck diente. Vor Christus schien die einzige Alternative zu dieser Ansicht die der Ruhepflicht gewesen zu sein, und lange nach Christus wurde dieselbe Theorie sehr häufig vertreten. Als Beispiele für die erstere Ansicht muss sich der Leser nur an die Stimmung in Homers unsterblichem Epos oder an die Oden von Pindar erinnern, um zu erkennen, dass Ehrgeiz als die treibende Kraft des Heldentums angesehen wurde. Wo diese selbstsüchtige Leidenschaft als ein Übel betrachtet und zugunsten einer vermeintlich höheren Lebenstheorie aufgegeben wurde, hatte das Ergebnis fast immer die Form von Askese oder Rückzug aus dem aktiven Dienst in der Welt. Zwischen tiefgreifendem Ehrgeiz und dem wurde kein *Weg durch die Medien für möglich gehalten*

... flüchtige und eingesperrte Tugend,

das der Welt ein so anderes Ideal gezeigt hat. In verträumten, mystischen, orientalischen Kulten sehen wir, wie diese letztere Tendenz auf die Spitze getrieben wird. Der Verzicht auf Ehrgeiz als Anreiz für menschliches Handeln hat fast ausnahmslos dazu geführt, dass viele edle menschliche Kräfte und Gaben nicht genutzt wurden. Dies ist so sehr der Fall, dass selbst in unserer Zeit, in der das christliche Ideal in unserem Besitz ist, Ehrgeiz als unverzichtbarer Bestandteil der energischsten menschlichen Anstrengungen für die Menschheit angesehen wird. Edmund Burke klassifiziert Sympathie, Nachahmung und Ehrgeiz zusammen als Motoren für den Fortschritt der Gemeinschaft.[1] Professor Lecky scheint sie in seinem großartigen Werk „The History of European Morals" als unverzichtbar für ein lebendiges nationales Leben zu betrachten. Dieser große Denker, der an genaue Beobachtungsgewohnheiten gewöhnt ist, hat zweifellos Recht mit der Annahme, dass diese Position auf dem Gebiet der Geschichte reichliche Bestätigung findet; aber haben wir so „Christus gelernt"?

Tatsache ist, dass Jesus, als er der Welt ein höheres ethisches Ideal in Bezug auf die Sanktion des Dienens gab, die Schwierigkeiten, die vor ihm lagen, gut verstanden haben musste. Vielleicht war er deshalb so geduldig mit den selbstsüchtigen Hoffnungen seiner Anhänger hinsichtlich ihrer persönlichen Bevorzugung. Er muss gewusst haben, dass der gesamte Trend der Geschichte gegen die neue Lehre war. Es fällt uns jetzt leicht zu sagen, dass das Eindringen von Eigeninteresse in jede gute Arbeit ihren Wert in hohem Maße beeinträchtigt; Aber müssen wir nicht darüber nachdenken, dass wir diese Vorstellung Christus verdanken? Die Gesellschaft ist jetzt von der ethischen Lehre des Mannes von Nazareth durchdrungen. Wir werden mit der Beobachtung konfrontiert, dass sich die Gesellschaft in ihren moralischen Tendenzen auf ein Ideal zubewegt, das der Welt vor fast neunzehnhundert Jahren zur Schau gestellt wurde. Wir streben nicht nach etwas Unbestimmtem im Bereich der Moral, wir bewegen uns auf einen Maßstab zu, der in einem Leben zum Ausdruck kommt. Darüber hinaus fällt es uns beim Lesen des Neuen Testaments leicht, die Stumpfheit und Ungeistlichkeit der kleinen Bande, die Jesus umgab, voreilig zu beurteilen und zu verurteilen. Die Arroganz des Petrus und die selbstsüchtigen Intrigen der Söhne des Zebedäus machen uns ungeduldig. Wie viel würdiger und freundlicher ist die Haltung unseres göttlichen Meisters! Er wusste, dass eine moralische Revolution nicht in einer Stunde durchgeführt werden konnte. Sein Ziel war es, die Männer auszubilden, die die Welt verändern sollten. Wenn er die zwölf Männer, die ihm sein Vater gegeben hatte, beeinflussen könnte, damit sie wüssten, was sie fühlen und tun sollten, könnte er es sich leisten, zufrieden zu sein. Die Pforten des Hades sollten sich nicht gegen das fortschreitende Evangelium durchsetzen.

Was war dann sein Ideal? Es handelte sich um nichts Geringeres als den völligen Verzicht auf jegliches Eigeninteresse, ohne dabei die Energie und den Einsatz im Dienste des Wohls der Welt zu schwächen. Jesus lehnte Ehrgeiz in jeglicher Form als Dynamik menschlichen Strebens und Strebens ab . Er forderte von seinen Jüngern völlige Selbstverleugnung, verbunden mit enthusiastischer Hingabe an die Pflicht, die Welt zu verbessern. Sich selbst aufzugeben bedeutete nicht, den Dienst aufzugeben, es war lediglich die Ersetzung eines niedrigeren Motivs durch ein höheres. Dies erklärt in gewisser Weise, warum das Christentum die stoische und epikureische Philosophie ersetzte. Der Stoizismus zeigt sich vielleicht am besten im edlen, aktiven Leben des größten der Antoniner . Ihr Ideal war strenge Pflichterfüllung, das Christi ein von Liebe inspirierter Dienst. Ehrgeiz ist eine Art der Selbstbedienung, doch wenn wir die Bedeutung so erweitern dürfen, dass sie das christliche Prinzip einschließt , könnten wir sagen, dass anstelle des Ehrgeizes um des Selbst willen das Christentum den Ehrgeiz um Gottes willen ersetzt. In jedem Fall ist es die Liebe zu einem Menschen, die das Motiv für die höchsten menschlichen Bemühungen liefert . Aber wie unvergleichlich größer und stärker ist das christliche Prinzip als das, das es ersetzt hat! Das Christentum verlangt von den Menschen, dass sie alle nützlichen oder wünschenswerten Dinge für Gott tun. Als die Apostel dieses neue Gebot endlich verstanden, wurde ihr Evangelium zu einer unwiderstehlichen Kraft, und wann immer es der Kirche seit ihrer Zeit gelang, dasselbe zu tun, erhob sich das Christentum zu neuem Leben.

[1] Essay über das Erhabene und Schöne.
Sekte. xii.

PETRUS DENKT, SEIN OPFER SEI VOLLENDET.

Seine daraus resultierenden Erwartungen.

In den drei synoptischen Evangelien berichten wir über ein bemerkenswertes Gespräch zwischen Petrus und seinem Herrn über den Lohn, der denen versprochen wurde, die im Reich Gottes Dienst leisteten. Der Anlass war von besonderem Interesse. Ein reicher junger Herrscher kam zu Jesus, um die bedeutsame Frage zu stellen: „Was soll ich tun, um das ewige Leben zu erben?" Die Jünger scheinen von dem Vorfall sehr beeindruckt gewesen zu sein – Petrus vielleicht am meisten, denn im Markusevangelium haben wir den besten Bericht über die Angelegenheit. Jesus, sagt er, fühlte sich von der Einfachheit, Demut und Ernsthaftigkeit eines Menschen angezogen, der sicherlich Gefahr lief, sich Hass zuzuziehen, indem er sich herabbeugte, um den neuen Lehrer um Rat zu fragen. Petrus hat für uns in einem anschaulichen Satz etwas vom eigentlichen Aspekt des Meisters in seiner letzten Antwort bewahrt: „*Jesus sah ihn an, liebte ihn und sagte zu ihm: „Eines fehlt dir ; geh, verkaufe, was du hast und." Gib den Armen, und du wirst einen Schatz im Himmel haben, und komm und folge mir nach. '*" Diese Prüfung war zu viel für den Suchenden; Er drehte sich um und „ging traurig weg, denn er war einer, der große Besitztümer hatte." In der darauffolgenden Rede bemerkte der Meister, zweifellos in einer Mischung aus Traurigkeit und Feierlichkeit: „Wie schwer werden diejenigen, die Reichtümer haben, in das Königreich Gottes eintreten!" Petrus akzeptierte die Worte seines Meisters im wahrsten Sinne des Wortes und sprach angesichts des vorangegangenen Vorfalls auf seine impulsive Art: „Herr, wir haben alles verlassen und sind Dir gefolgt. Was sollen wir dann haben?"

Zwei Dinge haben in Bezug auf diese Frage für uns eine gewisse Bedeutung. Erstens, Petrus war sich des Ausmaßes seines Verzichts nicht ausreichend bewusst, und zweitens, die geduldige und weise Antwort unseres Herrn. Offensichtlich betrachtete Petrus seinen Verzicht und den seiner Gefährten als vollständig. Sie hatten ihre Fischernetze und teilweise auch ihre Häuser verlassen. Sie hatten dies in der Überzeugung getan, dass der, der sie rief, der versprochene Messias und zukünftige König Israels war und daher in der Zukunft in der Lage sein würde, alle, die sich ihm angeschlossen hatten, für ihren eigenen Verlust zu entschädigen. Wir dürfen nicht annehmen, dass dies das Hauptmotiv war, das Simon und die Söhne des Zebedäus zum neuen Propheten hinzog, aber es ist ganz klar, dass ehrgeizige Hoffnungen auf Platz und Macht Besitz zu ergreifen begannen, nachdem sie einige Zeit mit Jesus verbunden waren ihre Herzen. Ein Beispiel hierfür haben wir bereits betrachtet. Bis jetzt hatten sie das tiefste Prinzip der Lehre des Meisters falsch verstanden; Sie hatten das Gefühl, dass die Aufgabe ihrer gewohnten Beschäftigungen und Besitztümer eine gegenwärtige und materielle Belohnung verdiente, die nicht lange auf sich warten ließ. Daher die Frage des Petrus – eine Frage, die sich zweifellos auch auf die Erwartungen seiner Gefährten bezog. Die Idee eines Selbstverzichts, eines spirituellen Verzichts, war ihnen noch nicht klar geworden. Aus unserer Sicht ist es überraschend, dass sie so lange missverstanden haben.

Wäre der Adressat der Anfrage so gewesen wie die meisten von uns, hätte Petrus eine weitere scharfe Zurechtweisung erhalten. Wie unterschiedlich ist die Antwort Jesu bei dieser Gelegenheit von der strengen Antwort: „Geh hinter mich, Satan!" von vor einiger Zeit! Der Unterschied liegt darin begründet, dass Petrus in diesem Fall von seinem eigenen Verzicht sprach, während er im ersten Fall gewagt hatte, in den Verzicht seines Meisters einzugreifen. Jesus antwortete daher mit einer Geduld und Freundlichkeit, die nur jemandem möglich war, der weit über den Moment hinaus blickte. „Es gibt keinen Menschen", sagte Er, „der um Meinetwillen und um des Evangeliums willen Haus oder Brüder oder Schwestern oder Mutter oder Vater oder Kinder oder Ländereien verlassen hat, ohne dass er jetzt in dieser Zeit das Hundertfache erhalten wird, Häuser und." Brüder und Schwestern und Mütter und Kinder und Länder mit Verfolgungen; und in der kommenden Welt ewiges Leben. Aber viele, die die Ersten sind, werden die Letzten sein, und die Letzten die Ersten. Einige haben Einwände gegen den Tenor dieser Antwort erhoben und argumentiert, dass sie bei denen, die sie hörten, falsche Hoffnungen weckt und dass das Versprechen einer solchen Belohnung in jedem Fall eine gewisse Herabwürdigung des Ideals des Dienstes bedeuten würde. Wenn wir jedoch auf die edle Erfüllung der Verheißung warten, können wir nicht anders, als zu der Überzeugung zu gelangen, dass der Geist dieser Verheißung Jesu durchaus würdig ist. Es ist eine Fortsetzung der übermenschlichen Einsicht, die ihn bei seiner ersten Begegnung mit Simon zu der Aussage veranlasst hatte: „Du sollst *Fels genannt werden*." Wenn es sich beim Markusevangelium wirklich um die Memoiren des Petrus handelt, ist es wahrscheinlich, dass die Geschichte dieser Verheißung niedergeschrieben wurde, lange nachdem Petrus begonnen hatte, ihre Bedeutung zu erkennen. Derjenige, der später am schönen Tor des Tempels den Krüppel ansprach, der ihn um Geld bat, war ein edlerer Petrus als derjenige, der nun ein ähnliches Geschenk für sich selbst suchte. „Silber und Gold habe ich nicht, aber was ich habe, das gebe ich dir. Im Namen Jesu Christi von Nazareth, stehe auf und wandle." „*So wie ich es habe!*" Wer hätte nicht den Wunsch, an einem so reichen Besitz teilzuhaben? Silber und Gold, soziale und politische Bedeutung waren angesichts des Privilegs, „im Namen Jesu Christi von Nazareth" zu sprechen, in Nichts versunken.

Ein Sterblicher, der vertraute Freund der Sünde, bekennt hier,
dass er der ganzen Erde den Lohn geben wird, aber zu glauben und demütig den Glauben zu lehren, in Leid und Armut und Schande, nur im Glauben, dass er nicht ungeliebt ist.[1]

[1] R. Browning, Pauline.

DIE SZENE IM ABENDMAHLSSAAL.

Während sich der irdische Dienst unseres Herrn seinem Ende nähert, gerät die geistliche Geschichte der ersten Apostel in eine Krise. Die Szene im Abendmahlssaal ist für uns in diesem Zusammenhang von besonderem Interesse. Es wird in allen vier Evangelien so aufgezeichnet, dass seine Bedeutung und Historizität nachgewiesen wird. Wie üblich ist der Bericht des Petrus der anschaulichste, aber Lukas liefert uns einen Satz, aus dem wir mehr über den Sachverhalt erfahren als aus den anderen drei. Das ist außergewöhnlich, denn Lukas idealisiert in der Regel die Apostel. Er sagt uns, dass „unter ihnen auch ein Streit entstand, wer von ihnen der Größte sei." Wir sehen dann, dass bis in den Abendmahlssaal und bis zum letzten Abendmahl die Eifersüchteleien, Rivalitäten und Ambitionen dieser wenigen Männer eingedrungen waren, die später Helden des Kreuzes werden sollten. Wir verbinden den oberen Raum nur mit Gedanken an Frieden und Heiligkeit, aber hier ist die andere Seite der Sache. Es mag gut sein, dass das kleine Treffen in Feierlichkeit und Stille endete, aber es kann kaum so begonnen haben. Der Stempel der Wahrheit scheint auf dem Bericht des Johannes über die Geschehnisse zu ruhen, einfach weil er so natürlich die Methode Jesu zum Ausdruck bringt, mit dem Streit umzugehen, von dem Lukas sagt, dass er existierte. Er erhob sich vom Tisch und führte für seine Anhänger die Zeremonie durch, die sie aus Eifersucht aufeinander unterlassen hatten. Die Fußwaschung hatte möglicherweise einen direkten Bezug zur künftigen Praxis des gegenseitigen Dienstes, hatte aber auch eine unmittelbare Bedeutung. Die Jünger weigerten sich, einander die Füße zu waschen, und der Herr und Meister von ihnen allen übernahm diese Pflicht selbst. Vielleicht hat der Gefühlswandel, der durch diesen einfachen und bescheidenen Akt hervorgerufen wurde, die schönen Äußerungen ermöglicht, die nur Johannes für uns bewahrt hat (Johannes xiii.-xvii.).

Zu Beginn dieser Rede tauschte Jesus jedoch einige Sätze mit besonderer Betonung mit Petrus. „Simon, Simon", verkündete er, „siehe, Satan hat dich gebeten, dich zu sieben wie Weizen. Ich aber habe für dich gefleht, dass dein Glaube nicht wanke. Stärke deine Brüder. Diese Äußerung zärtlicher Besorgnis muss durch sein Wissen über den Streit, der stattgefunden hatte, hervorgerufen worden sein. Zweifellos war er voller Trauer darüber, dass Petrus die Lektion der Demut und Selbstvergessenheit noch nicht gelernt hatte. Er sah das Scheitern, die Feigheit, die Verleugnung voraus, aber er sah auch die Reue, die Wiederherstellung und den größeren Petrus voraus, dessen Stärke in seiner Demut und seiner Bereitschaft liegen sollte, sich vom Geist Gottes leiten zu lassen. Aber in diesem Moment war Peter selbst der Letzte, der die Notwendigkeit einer solchen Änderung erkannte. Jesus beschrieb weiter, was in der unmittelbar folgenden Zeit mit der kleinen Gruppe geschehen würde. „Ihr alle", sagte er, „wird in dieser Nacht an mir beleidigt sein, denn es steht geschrieben: „Ihr werdet den Hirten schlagen, und die Schafe der Herde werden zerstreut werden." Petrus erklärte sofort: „Obwohl alle an dir beleidigt sein werden, werde ich niemals beleidigt sein." Welche Gefühle in diesem Moment in ihm herrschten, können wir nur vermuten. Möglicherweise fühlte er sich ein wenig verärgert über die angedeutete Zurechtweisung, die in der Fußwaschung und in der Prophezeiung über die anschließende Siebung enthalten war. Wahrscheinlicher ist jedoch, dass die einfache Zuneigung, die er wirklich zu seinem Meister hegte, ihn dazu trieb, seine Loyalität zu bekunden. „Überaus vehement", so sein eigener Bericht, beharrte er darauf: „Wenn ich mit Dir *sterben muss* , werde ich Dich nicht verleugnen." Er hielt es für möglich, dass Jesus in der kommenden Gefahr auf die Dienste eines aktiven und mutigen Freundes wie ihn angewiesen sein könnte. Zweifellos spürte er jedes Wort, das er sagte, aber er spürte auch, wie wichtig die Hilfe war, die er Jesus leisten konnte. Es kam ihm nie in den Sinn, dass Jesus seine Hilfe nicht brauchte. Peter brauchte eine scharfe Lektion, und schon bald hatte er sie. Das Geheimnis wahren Dienens besteht in der Selbstentleerung. Er lernte den wahren Geist der Lehre seines Meisters erst kennen, nachdem seine eigenen selbstbewussten Versprechen völlig und schmerzhaft gescheitert waren. Gegenwärtig war die einzige Antwort Jesu: „Wahrlich, ich sage dir, dass du mich heute, noch in dieser Nacht, ehe der Hahn zweimal kräht, dreimal verleugnen wirst."

GETHSEMANE UND DANACH.

Die Testzeit war nicht mehr weit entfernt. Petrus, voller Entschlossenheit, seine Loyalität und seinen Mut zu zeigen, scheint eines der beiden darin liegenden Schwerter aus dem oberen Raum getragen zu haben. Er glaubte, für Notfälle gerüstet zu sein, scheiterte jedoch gleich zu Beginn daran, seinem Meister das zu geben, was er wirklich brauchte. Wieder einmal finden wir die Geschichte, die Peter selbst am besten erzählt. Er, Jakobus und Johannes wurden durch den Wunsch ihres Meisters etwas näher an seine Person gebracht als die anderen. Auf erbärmliche Weise erflehte Jesus ihr Mitgefühl. „Meine Seele ist bis zum Tod überaus betrübt. Bleibt hier und wacht." Dies gelang ihnen jedoch nicht. Lukas sagt, dass sie „vor Kummer schliefen", und höchstwahrscheinlich ist das bis zu einem gewissen Grad wahr. Die Schwierigkeiten ihres Meisters konnten ihnen nicht gleichgültig sein. Er hatte ihnen ausreichend Gelegenheit gegeben, seinen Geisteszustand zu beobachten, und zweifellos hatten sie dies auch getan und waren von liebevoller Anteilnahme erfüllt. Dennoch ging diese Sympathie nicht so weit, dass sie an Seiner Mahnwache teilnehmen konnten. Wahrscheinlich betrachtete sich Petrus als Wächter seiner Person – er konnte die Intensität der Qualen seines Meisters nicht verstehen. Sein nachdrückliches Versprechen im Obersaal wurde jedoch nur schlecht erfüllt. Selbst wenn er nur ein Wächter der Person Christi gewesen wäre , hätte er wach bleiben sollen. In seinem eigenen Bericht über die Szene legt er den Schwerpunkt auf diesen Punkt: „Und er kam und fand sie schlafend und sprach zu Petrus: Simon, du schläfst ." *du* ? Könntest du nicht *eine Stunde zuschauen* ? Wachet und betet, dass ihr nicht in Versuchung geratet." Der hier implizierte Vorwurf bezieht sich mit ziemlicher Sicherheit auf die Vehemenz von Petrus' Versprechen überragender Loyalität. „Obwohl alle beleidigt sein werden, werde ich es doch nicht tun." Jesus erinnerte ihn sanft an das Versprechen: und deutete an, dass er schlecht angefangen hatte, es einzuhalten. Der Meister erkannte jedoch die Aufrichtigkeit und einfache Zuneigung des Apostels in seinen abschließenden Worten: „Der Geist ist zwar willig, aber das Fleisch ist schwach."

Noch während Jesus sprach, kam die Überraschung. Judas und der Pöbel mit Schwertern, Stäben und Laternen stürmen in den Garten. Sofort herrschte Verwirrung und Alarm; nur Jesus blieb ruhig und beherrscht. Judas trat vor und küsste ihn; Die Jünger eilten an Seine Seite, Petrus zog sein Schwert und schlug, ohne auf Erklärungen zu warten, auf die Spitze der vorrückenden Schar ein. Die Tat war pure Torheit; es hätte ihn und seine Gefährten in eine gemeinsame Ruine verwickeln können. Anstatt Jesus zu retten, war es nun Jesus, der ihn rettete. Der Meister drehte sich hastig um und forderte Petrus mit einer schnellen Geste auf, das Schwert wieder an seinen Platz zu bringen, indem er sagte: „Wer das Schwert nimmt, wird mit dem Schwert umkommen." Die Aussage bezog sich zweifellos unmittelbar auf Peters Unbesonnenheit. Jesus sah, dass jeder seiner Jünger, der mit Waffen in der Hand gefangen genommen wurde, sein Leben verlieren würde. Die Warnung musste nicht wiederholt werden; Peters neu gewonnener Mut hatte ihn bereits verlassen. Die Angreifer befanden sich offenbar in einem ähnlichen Fall. Um seine Jünger zu retten, trat Jesus ihnen gegenüber, und als er vorwärts ging , wichen sie zurück und stolperten übereinander, bis sie, wie Johannes berichtet, zu Boden fielen.

„Wen sucht ihr?" fragte das Opfer des pharisäischen Hasses. „Jesus von Nazareth", antworteten sie. „Ich bin Er", war die Erwiderung, und dann fuhr er mit einer Nachdenklichkeit und Liebe fort, zu der Jesus in dieser schrecklichen Stunde offenbar nur fähig gewesen zu sein scheint: „Wenn ihr mich also sucht, so lasst diese ihren Weg gehen." Einige Augenblicke zögerten die Offiziere; die Majestät und Würde dessen, den sie ergreifen wollten, verzauberten sie; Niemand war gern der Erste, der Ihn verhaftete, und Jesus musste sich ein zweites Mal melden, bevor die Führer es wagten, ihren Auftrag auszuführen. Als dies jedoch geschah, „verließen ihn alle Jünger und flohen."

Bisher war Peters Selbstbehauptung gescheitert, doch eine weitere Demütigung sollte noch bevorstehen. Er konnte es nicht ertragen, über das Schicksal eines Meisters, den er wirklich und wahrhaftig liebte, nichts zu wissen; Als er also seinen Flug überprüfte, folgte er ihm in sicherem Abstand, als er sah, wie sich die Prozession in Bewegung setzte . Sein Freund und Partner Johannes, der offenbar Freunde im Haus des Kaiphas hatte, erwirkte für ihn Einlass und er wartete dort, wie Matthäus sagt, „um das Ende zu sehen". All seine Tapferkeit hatte ihn nun verlassen; Er befand sich in einer fremden Stadt, in der die Männer seiner Provinz verachtet und verspottet wurden. Er war nur ein bescheidener Fischer und hatte Angst, sich in der Macht kirchlicher und weltlicher Autoritäten zu befinden. Menschlich gesehen war sein nächster Fehler einer, der hätte vorhergesagt werden können. Er wurde entdeckt und befragt; In seiner Verwirrung und seinem Schrecken kehrte die ganze Grobheit seines alten galiläischen Lebens auf ihn zurück, und da er alles außer dem Wunsch, sich selbst zu retten, vergaß, verleugnete er seinen Meister mit Fluchen und Flüchen. Jesus richtete einen zweiten Vorwurf gegen ihn, diesmal einen stummen. Er „drehte sich um und sah Petrus an", aber dieser Blick genügte. Es brachte ihn zur Besinnung und legte sein klägliches Versagen, seine Undankbarkeit, seine Feigheit und seine gebrochenen Versprechen offen. Er sah, wie völlig er durch sein übermäßiges Selbstvertrauen erniedrigt worden war. Der Peter dieses Augenblicks war schließlich nicht der wahre Peter. Er liebte seinen Meister und war das Risiko der Verhaftung und des Todes eingegangen, um wieder in seine Nähe zu kommen, aber seine Demütigung war vollkommen und seine Selbsterniedrigung intensiv. „Er ging hinaus und weinte bitterlich." Sollen wir sagen, dass die Erfahrung der nächsten Tage die größte Krise seiner Karriere war? Aus dieser Tiefe der Demütigung erhob er sich zum Botschafter und Retter .

DIE KRAFT DER AUFERSTEHUNG.

Wir wissen nichts über die Geschichte des Petrus in den qualvollen Stunden zwischen der Kreuzigung und der Auferstehung, aber wir können glauben, dass seine Scham und Reue anhielten, bis Jesus selbst ihm Worte der Vergebung und Hoffnung ins Ohr flüsterte. Wir können indirekt schließen, dass Petrus durch die Erinnerung an seine selbstbewusste Prahlerei in der Gegenwart der anderen Apostel gedemütigt worden sein muss, denn wir finden ihn immer noch in Verbindung mit ihnen. Die kleine Gruppe scheint zusammengehalten zu haben, um ihren verlorenen Meister zu betrauern und sich gegenseitig mit einem gemeinsamen Mitgefühl zu unterstützen. Dass Petrus bei ihnen gewesen sein muss, geht aus der Tatsache hervor, dass er den Frauen, die am ersten Tag der Woche das Grab besuchten, namentlich erwähnt wurde. „Geht, sagt es seinen Jüngern *und Petrus* , er geht vor euch nach Galiläa." Wenn wir bedenken, dass Petrus immer noch mit denen verkehrte, die auf seine selbstbewusste Annahme der Überlegenheit gegenüber sich selbst gehört hatten, können wir in seinem Verhalten mehr als nur Reue erkennen . Es gibt Hinweise auf eine neue Demut und gleichzeitig auf eine anhaltende zärtliche Zuneigung zum Herrn, von dem er fest überzeugt war, dass er ihn nie wieder sehen würde.

Es gibt einen Vorfall, über den Jesus nach der Auferstehung besorgt war, über den es keine Aufzeichnungen gibt – es könnte keine geben. Es ist das erste Interview zwischen Jesus und Petrus nach der Auferstehung. Den Jüngern im oberen Raum wurde mitgeteilt, dass der Herr Simon erschienen sei. Was bei diesem ersten Treffen geschah, können wir uns nie vorstellen; Es muss eine Zeit von solcher Heiligkeit und Feierlichkeit gewesen sein, dass Petrus seinen Brüdern wahrscheinlich nicht viel darüber sagen würde. Die liebevolle Rücksichtnahme Jesu befahl ihm, seinen gedemütigten und traurigen Nachfolger aufzusuchen, damit er ihm Vergebung und Wiederherstellung zusichern könne. Ihr Verkehr muss sehr intensiv und heilig gewesen sein. Von diesem Moment an wurde Peter zu einem großen und edlen Charakter; seine Disziplin war nicht umsonst , seine Selbstsucht hat ein Ende; Ehrgeiz hat in seinem Kopf keinen Platz für die Zukunft; Arroganz und Selbstvertrauen müssen von nun an einer Demut gewichen sein, die aus der Erinnerung an seine Feigheit und sein erbärmliches Versagen entstanden ist. Als er später zur Führung der Heiligen schrieb, schrieb er aus der Tiefe seiner eigenen Erfahrung: „Ja, ihr alle gürtet euch mit Demut, um einander zu dienen, denn Gott widersteht den Stolzen, aber den Demütigen gibt er Gnade . " " (1. Petrus v. 5).

Der Anschein von Echtheit beruht auf dieser neutestamentlichen Geschichte. In seiner idyllischen Einfachheit und Treue zu den Tatsachen der menschlichen Natur steht es in deutlichem Kontrast zu den falschen und nicht autorisierten Legenden über Jesus und seine Apostel, von denen es im subapostolischen Zeitalter viele gab. Die Kirche hat durch die Vergessenheit, in der diese kleineren Evangelien begraben wurden, aller Wahrscheinlichkeit nach nicht viel verloren . Sie jetzt ans Licht zu bringen, wäre zweifellos nützlich, um Licht auf kritische Probleme in Bezug auf die bestehenden neutestamentlichen Texte zu werfen, aber sie könnten den süßen und natürlichen Berichten über die spirituelle Geschichte der Männer, die die frühe Kirche leiteten, nichts hinzufügen . Wir kennen Petrus aus den Seiten der vier Evangelien besser als aus legendären Berichten. Indirekt ist diese Treue der evangelischen Aufzeichnungen eine große Hilfe bei der Feststellung ihrer Historizität. Es wird nichts verheimlicht oder abgeschwächt, was wir wissen sollten, nichts, was die Apostel als übermenschlich oder in ihrem erhabenen Charakter außergewöhnlich darstellen würde, wird unserer Aufmerksamkeit aufgedrängt; Wir dürfen Petrus so sehen, wie er wirklich war, einen Mann, der durch die Gnade unseres Herrn Jesus Christus edel geworden ist.

Was er war, sind wir. Ehrgeiz, Selbstsucht und Selbstvertrauen waren in der gesamten Geschichte der Christenheit die schwerwiegendsten Mängel der stärksten Charaktere. Manchmal wurden diese Laster im großen Stil zur Schau gestellt, oft war ihr Ausmaß kleinlich und gemein. Die Sünden der katholischen Kirche, wie sie von einem Bernhard oder einer Katharina von Siena dargestellt wurden, sind in vielen kleinen Bethels im protestantischen England unserer Tage zu finden. Simony ist unter den Dienern Christi nicht unbekannt, selbst in den Reihen der Nonkonformisten . Nicht selten sind diese sündigen Neigungen mit dem wahren und ernsthaften Wunsch verbunden, dem Meister zu dienen. Dennoch sind sie ein ernsthaftes Hindernis, nicht nur für den christlichen Charakter, sondern auch für die Wirkung des christlichen Dienstes; Der Geist, in dem ein Mensch seine Arbeit verrichtet, hat den größten Einfluss auf das gute Ergebnis dieser Arbeit. Wenn ein Mensch in seinem Wunsch, Gutes zu tun, aufrichtig ist und gleichzeitig in irgendeiner Weise Opfer seines eigenen Selbstvertrauens oder seiner Selbstsucht ist, wird er früher oder später an den Punkt gebracht, an dem er zwischen seinen Wünschen wählen muss und seine Praxis. In fast allen Fällen wird ihm die Notwendigkeit dieser Wahl durch eine strenge Disziplin offenbart. Der Fall des Petrus wiederholt sich im Leben der Diener Gottes immer wieder. Es ist schwer, sich von seinem Standpunkt im Bereich der menschlichen Motive zu lösen. Es wäre schwer, eine Kirche zu finden, in der Selbstsucht oder Eifersucht weder Platz noch Einfluss hätten, und selbst für einen guten und wahren Mann ist es außerordentlich schwierig, sich nicht durch Bewunderung begeistert oder durch Überlegenheit deprimiert zu fühlen. Aber die Heilung dieser Art von Gefühl liegt sicherlich in der Natur des christlichen Dienstes. Es gibt absolut keinen

Zusammenhang zwischen moralischer Exzellenz und ihrer weltlichen Anerkennung. Wir haben der Welt etwas zugestanden, wenn wir innehalten und ihren Applaus als Objekt der Begierde betrachten. Es ist einfacher, auf solchen Beifall zu verzichten und im Verborgenen zu arbeiten , als von ihm unberührt zu bleiben, wenn er erst einmal verliehen wurde. Noch schwieriger ist es für einen Mann, sich von einem Amt und einer Pflicht zurückzuziehen, die er edel und gut erfüllt hat, und dann mit anzusehen, wie sein Bistum von einem anderen übernommen wird. Früher oder später wird diese Erfahrung den meisten Helden Gottes widerfahren; Es wäre daher gut, dass sie es im Voraus erkennen , die Kosten abschätzen, ihre eigenen Gedanken kennen und die scharfe Disziplin, die mit der Selbstfindung einhergeht, überflüssig machen. Wenn Gott vorhat, uns zu gebrauchen, so wie er Petrus gebrauchen wollte, verschont er uns nie. Jesus konnte es sich nicht leisten, Petrus seinen eigenen Weg gehen zu lassen, und deshalb wurde der Fürst der Apostel zu einem Werkzeug des Guten, doch so wie durch das Feuer.

EINE NEUE KOMMISSION.

Obwohl unser Herr seinen armen, selbstgefälligen Jünger auf so schöne und nachdenkliche Weise privat wiederhergestellt hatte, musste sich Petrus dennoch einer notwendigen Disziplin unterziehen. Da er in Gegenwart anderer gesündigt hatte, war es notwendig, dass andere von der neuen Vereinbarung zwischen seinem Meister und ihm erfuhren. Nur Johannes hat die Aufzeichnung des Gesprächs aufbewahrt, in dem dieses neue Verständnis verkündet wurde. Aber Petrus selbst bezieht sich in seinem zweiten Brief (i . 14) deutlich darauf . Johannes erzählt uns im letzten Kapitel seines Evangeliums, dass Petrus und einige seiner Freunde am See von Tiberias angeln gingen. Die Ankündigung des Petrus „Ich gehe angeln" wurde manchmal so interpretiert, dass er beschlossen hatte, auf das Apostelamt zu verzichten und in sein altes Leben zurückzukehren, dass er, kurz gesagt, von der Belohnung der Nachfolge Jesu enttäuscht und von der Vision enttäuscht war ein Reich Gottes. „Ich gehe angeln" bedeutet daher: „Ich gebe diese Träume auf; sie haben mir keinen Vorteil gebracht; ich werde zu meinem Fischerboot und zu meinem Fischerhaus zurückkehren." Es ist schwer zu erkennen, welche Rechtfertigung es für diese Theorie gibt. Peter führte einfach Gewohnheiten fort, von denen er nie ganz abgeraten hatte. Weder er noch Johannes hatten die Absicht, jeden Gedanken an Jesus zu verwerfen oder seinen Dienst aufzugeben, als sie sich auf diesen besonderen Angelausflug begaben. Im Gegenteil, es ist wahrscheinlich, dass ihre Gedanken, Herzen und Gespräche voller Wunder waren, die geschehen waren, seit ihnen die Vision der Engel zum ersten Mal mitgeteilt hatte, dass Jesus lebte. Zweifellos waren sie voller Erwartung im Hinblick auf den Ort und die Zeit seines nächsten Erscheinens. Bei Tagesanbruch, als sie sich dem Ufer näherten, sahen sie jemanden am Strand stehen, den sie bald für den Herrn hielten. Johannes erkannte ihn als erster und erzählte es Petrus, der sofort ins Meer sprang und zu ihm ging. Jesus hatte eine Mahlzeit für die hungrigen Jünger zubereitet und wartete, bis sie ihr Fasten gebrochen hatten, bevor er sich dem ernsten Thema zuwandte, das ihn und vielleicht auch Petrus beschäftigte.

Möglicherweise wusste Petrus etwas darüber, was Jesus sagen wollte, allerdings nicht über die Form, in der es gesagt werden sollte. Im vorangegangenen und eher privaten Gespräch hatte der Meister dem Schüler höchstwahrscheinlich zu verstehen gegeben, dass die Beteuerungen, die er in Gegenwart anderer im oberen Raum gemacht hatte, noch einmal in Gegenwart einiger zumindest derjenigen, die es zuerst getan hatten, zur Sprache kommen müssten habe sie gehört. Daher konnten ihn die drei Fragen, die jetzt an ihn gerichtet wurden, nicht überraschen. „Simon, Sohn des Johannes", sagte der Meister, „ liebst du mich mehr als diese

([Griechisch: *Agapáo*])?" Der nun gedemütigte Simon antwortete demütig, indem er sich darauf berief, dass Jesus ihn persönlich kannte, und vielleicht insbesondere auf ihr früheres privates Gespräch. „Ja, Herr", sagte er, „Du weißt , dass ich Dich liebe" ([Griechisch: *philô*]). Der Bezug zum oberen Raum ist sowohl in der Frage als auch in der Antwort deutlich zu erkennen. Im ersteren Fall hatte Simon für sich eine Überlegenheit in der Hingabe beansprucht. Er hatte seinem Herrn die Loyalität eines Soldaten gegenüber seinem Kapitän oder eines Freundes gegenüber seinem Freund angeboten. Er hatte angenommen, dass seine Hilfe für Jesus von Bedeutung sei; Er hatte angeboten, sich als Patriot seinem Land oder als Held einer Sache zu widmen. Daran erinnerte ihn nun Jesus mit einem einzigen Wort ([griech.: *agapas*]). Die Wiedergabe dieser Passage im englischen Neuen Testament vermittelt nicht ihre volle Bedeutung. Peter gab seine gesamte Position auf; Er hatte nicht die Absicht, mehr zu tun, als zu bekräftigen, was Christus bereits wusste, dass er seinen Meister sogar inmitten seiner Prahlerei, seines Verlassens und seiner Verleugnung wirklich und wahrhaftig mit tiefer und zärtlicher Zuneigung geliebt hatte. Dies drückte er in seiner vorsichtigen Antwort durch die Verwendung des Wortes [Griechisch: *philô*] aus.[1] Tatsächlich bietet er nun die Liebe an, die ein Kind einem Elternteil schenken könnte. Er ist sich bewusst, dass er Christus keinen Nutzen bringen und ihm keinen Dienst leisten kann, der über die Kräfte anderer Menschen hinausgeht. Deshalb beteuert er sehr demütig, dass sein Herz wahr ist. Er liebt seinen Meister und sein Meister weiß es.

Dreimal stellte Jesus die gleiche Frage, und jedes Mal folgte er der Antwort, indem er Petrus einen neuen und herrlichen Auftrag erteilte. Er sollte die Lämmer weiden und die Schafe hüten. So wie Petrus ihn dreimal verleugnet hatte, wird er nun dreimal zu seiner Loyalität befragt. Der dritte Test war der engste. Jesus greift das Wort von Petrus auf und fragt ihn: „[Griechisch: *phileis me*]." In der Erzählung heißt es weiter, dass Petrus betrübt war, weil er zum dritten Mal gefragt wurde: „ Liebst du mich?" Hier sehen wir jedoch, dass die Quelle seines Kummers darin lag, dass Jesus anscheinend an der bescheidenen Verwendung des bescheidensten Wortes zweifelte, das er finden konnte, um seine unveränderliche Zuneigung zu dem Meister auszudrücken, der ihn zu seinem besseren Selbst zurückgebracht hatte. Jesus hatte die Frage deutlich gemacht, indem er das Wort des Petrus übernommen hatte, und die darauf folgende ernste Antwort befriedigte ihn. „Ja, Herr", sagte der arme Simon, „du weißt alles; du weißt , dass ich dich liebe." Dann sagte Jesus: „Weide meine Schafe." Obwohl Peter es kaum wusste, war er jetzt dienstbereiter als je zuvor. Christus hatte den Dienst von jemandem angenommen, der seinen eigenen Wert jetzt so gering einschätzte. Von nun an sollte er tatsächlich ein Menschenfischer sein. Es hatte lange gedauert, Petrus an diesen Punkt zu führen, doch Jesus hatte es bei ihrem ersten Treffen in Bethabara jenseits des Jordan vorhergesehen. Sehr geduldig hatte Er ihn von der Stunde an geschult, in der Er mit prophetischer Einsicht gesagt hatte: „Ich werde dich *zu* einem Menschenfischer machen." Jetzt konnte Er ihn tatsächlich an die Arbeit schicken. Jetzt konnte er ihm die erhabene Aufgabe anvertrauen, der Fels zu sein, auf dem die neugeborene Kirche ruhen sollte.

[1] In welcher Sprache auch immer sie ursprünglich gesprochen wurden, es besteht eine Vermutung, die der Gewissheit gleichkommt, dass die sorgfältige Verwendung dieser Wörter im Griechischen des Johannesevangeliums der Bedeutungsnuance entsprach, die sowohl Jesus als auch Petrus verwendeten.

DER FÜRST DER APOSTEL.

Die abschließenden Worte Jesu an Petrus, wie wir sie im 21. Johannesevangelium haben, konnten nur an jemanden gerichtet werden, der weit über den Punkt hinausgekommen war, an dem Bequemlichkeit, Ehre oder Reichtum als Beweggründe für den Dienst im Reich Gottes angesehen wurden. Welch ein Kontrast zwischen dem Petrus, der fragte: „Was sollen wir nun haben?" und der Petrus, dem die feierliche Aussage gemacht wurde: „Wahrlich, wahrlich, ich sage dir: Als du jung warst , gürtetest du dich selbst und gingst , wohin du wolltest ; aber wenn du alt wirst, sollst du deine Hände ausstrecken und." Ein anderer wird dich umgürten und dich tragen, wohin du nicht willst . Dies aber sprach er und deutete an, durch welche Art von Tod er Gott verherrlichen sollte. Und als er das gesagt hatte, sprach er zu ihm: Folge mir nach. Auch hier gibt es einen deutlichen Hinweis auf das „Siehe, wir haben alles verlassen und sind dir gefolgt" von früher. Peter wird nun darüber informiert, dass ihm Schläge, Gefangenschaft und das Märtyrertum drohen. Er soll Gott in Leiden und Tod verherrlichen. Er kann sich über die Bedeutung der Mission und des Wirkens Christi für und unter den Menschen nicht mehr im Klaren sein. "Folgen Sie mir!" Jetzt bedeutete es mehr als beim ersten Mal, als er es am See Genezareth hörte. Calvary hatte die Interpretation geliefert. Der neue Auftrag des Petrus begann am Kreuz. Ihm war eine herausragende Stellung im Königreich verliehen worden, aber diese herausragende Stellung war eine herausragende Stellung des Leidens. Er sollte der Erste sein, nicht wegen seiner Bequemlichkeit, seines Ansehens oder seiner Macht, sondern als Erster angesichts der Schwierigkeiten, Gefahren und Prüfungen der kleinen Gemeinschaft, die er nun zu hüten hatte. Im zweiten Brief von Petrus I. 14 gibt es in den eigenen Worten des Petrus eine erbärmliche Bestätigung der feierlichen Aufforderung, die der See von Tiberias an ihn richtete: „Solange ich in dieser Stiftshütte bin, halte ich es für richtig, euch aufzurütteln, indem ich euch in Erinnerung rufe; wissend." dass die Auflösung meiner Stiftshütte schnell geschieht, so wie unser Herr Jesus Christus es mir angekündigt hat. Ja, ich werde dafür sorgen, dass ihr nach meinem Tod jederzeit in der Lage seid, diese Dinge in Erinnerung zu rufen."

Ein oder zwei Beispiele könnten hier als Beweis für den neuen Geist angeführt werden, der ihn, den heutigen Fürsten der Apostel, beseelte. In Johannes xxi. 20-23 haben wir uns in wenigen Worten das früheste Beispiel für Petrus' neu entdeckten Wunsch nach Selbstverleugnung gegeben. „Petrus dreht sich um und sieht den Jünger, den Jesus liebte, ihm nachfolgen. Als Petrus ihn sah, sprach er zu Jesus: Herr, was soll dieser Mann tun? Jesus sprach zu ihm: Wenn ich will, dass er wartet, bis ich komme, was? Geht das dich an? Folge mir nach. Merkwürdigerweise wurde dieser Vorfall mehrfach falsch interpretiert. Petrus wurde wegen des Vergleichs seines eigenen harten Schicksals mit dem wahrscheinlich glücklicheren Schicksal des Apostels Johannes der müßigen Neugier oder der halben Unzufriedenheit beschuldigt.[1] Die Antwort Jesu auf die Anfrage wurde daher als scharf und wohltuend dargestellt. verdiente Zurechtweisung. Es kann kaum sein, dass eine dieser Erklärungen den wahren Sachverhalt widerspiegelt. Die Wahrheit scheint vielmehr so zu sein, dass Peter vor der ihm übertragenen neuen Verantwortung und Bedeutung zurückschreckte und bereitwillig ein Anhänger seines alten Rivalen geworden wäre, der jetzt sein Begleiter und Freund ist. Johannes war der Jünger, der seinen Meister am besten verstand – den „den Jesus liebte". Er war mit Petrus auf dem Berg der Verklärung, in Gethsemane und im Haus des Kaiphas anwesend gewesen. Petrus war in alten Zeiten eifersüchtig auf ihn gewesen, und diese Eifersucht hatte zu Streit unter den Jüngern geführt. Er war jetzt nicht in der Stimmung, nach Vorliebe zu streben. Der Jünger, den Jesus liebte, hatte seiner Meinung nach ein besseres Recht, die Schafe zu hüten und die Lämmer zu weiden, als er. John war der Einzige, der seinen Meister nicht ganz im Stich gelassen hatte; er war ihm zum Mitternachtsprozess gefolgt, er war bei der Kreuzigung dabei gewesen und hatte dort einen erbärmlichen Auftrag erhalten – nämlich, sich um die Mutter Jesu zu kümmern. Petrus hatte nun das Gefühl, dass Johannes ein würdigerer Führer der Apostolischen Kirche war, als er selbst es sich erhoffen konnte. Zweifellos hatte die Verhaftung Jesu sie noch enger zusammengeschweißt. Johannes hatte ihm den Dienst erwiesen, seine Aufnahme in das Haus des Kaiphas zu erwirken. Er war höchstwahrscheinlich in den dunklen Stunden vor dem Auferstehungsmorgen bei ihm geblieben; er begleitete ihn zum Grab; er war jetzt bei ihm. Wie könnte Petrus seine Demut besser zum Ausdruck bringen als durch seine mangelnde Bereitschaft, einem Mann den Vorrang zu geben, dessen wahrer Adel und Großzügigkeit er nun vollständig unter Beweis gestellt hatte? Die Antwort Jesu gab in sehr kurzen Worten einen Ausblick auf die Funktion des Johannes im Königreich und betonte für Petrus erneut die Bedeutung des bedingungslosen Gehorsams. Im Grunde sagte er: Johns Auftrag hat keinen Einfluss auf Ihren. Ich habe mich entschieden. Angenommen, es wäre deine Aufgabe, sich zu bemühen und zu führen, und seine, zu stehen und zu warten? Wie wird sich sein Auftrag auf Ihre treue Erfüllung auswirken?

Die Geschichte zeigt, wie gründlich sowohl Petrus als auch Johannes die ihnen zugewiesenen Positionen akzeptierten. Peter führte den Wagen an, John diente schweigend. Ihre Freundschaft blieb bestehen und erweiterte sich. Für die Zukunft hören wir viel von „Peter und Johannes". Diese beiden begannen eine neue Freundschaft. Johannes beteiligte sich an der Strafe des Petrus; Wenn Petrus allein redete, nahm Johannes die Gefängnisstrafen mit sich. So wie sie zusammen auf dem Berg der Verklärung, zusammen in

Gethsemane, zusammen in der Halle des Kaiphas gewesen waren, so blieben sie nun im Geiste zusammen, bis der Tag des Martyriums des Petrus kam. (Apostelgeschichte iii. 1-iv.)

In gewissem Sinne sind wir nun eher am Anfang als am Ende des Lebens und Wirkens des Apostels Petrus angelangt. Ab dem Punkt, an dem die meisten Einzelheiten über seine Persönlichkeit im Neuen Testament nicht mehr erwähnt werden, beginnt das erstaunliche Werk, dessen Anführer und Inspiration er gewissermaßen war. Ein paar galiläische Fischer machten sich daran, die Welt auf den Kopf zu stellen. Das große und ehrwürdige Gefüge der christlichen Kirche ruht auf den von uns betrachteten Grundlagen. Diese Revolution in der Weltgeschichte ist ein moralisches Wunder. Die gestellte Aufgabe war großartig. Weder Petrus noch seine Gefährten konnten sein Ausmaß abschätzen oder seinen Triumph vorhersehen. Dass er selbst als der erste und größte der langen Reihe souveräner Papsttümer der römischen Kirche angesehen werden sollte, ist ihm sicher nie in den Sinn gekommen. Er ging seine Aufgabe im Glauben an und überließ die Ergebnisse dem großen Meister, dem er diente. Verglichen mit dem großen Apostel der Heiden war er weder weise noch gelehrt; Er war nur eines der schwachen Dinge auf Erden, die ausgewählt wurden, um die Mächtigen zu verwirren. Der Heilige Geist ruhte für seinen Dienst auf ihm. Er war ein williges Werkzeug, das Gott nutzen konnte, weil die Selbstsucht völlig aus seinen Motiven und Wünschen verbannt war. Wie es dazu kam, haben wir gerade gesehen. Es war Jesus, der Petrus zu dem machte, was er war. Jesus glaubte von Anfang an an ihn, kannte ihn besser als er sich selbst und blickte eher auf den künftigen Petrus als auf den künftigen Simon. Jesus ging mit ihm in einer Geduld und Liebe um, die uns mit Staunen erfüllt. Wer außer Jesus hätte es für lohnenswert gehalten, es zu tun? Was er für Simon, den Fischer, getan hat, kann er immer noch für alle tun, die sich ihm hingeben. Bei Christus gibt es nichts Unmögliches. Der Schwächste und Sündigste unter uns ist für Ihn von unendlichem Wert. Wie viele von uns sind gerade dabei, Heilige zu werden! Möge die Geschichte seines Umgangs mit einem Leben uns alle zur gleichen Erfahrung treuen und liebevollen Gehorsams führen. Möge es unsere Aufgabe sein, trotz aller Stolpersteine und Misserfolge auf seine gnädige Einladung „Folge mir nach!" zu antworten. Er wird uns von Stärke zu Stärke führen, wir werden von ihm lernen und Ruhe für unsere Seelen finden.

[1] Bruce, „Training of the Twelve", S. 511.

Milton Keynes UK
Ingram Content Group UK Ltd.
UKHW010838190424
441445UK00004B/315